W0077609

Özlem Tekin

Türkisch

Die wichtigsten Sätze zum Mitreden

Hueber Verlag

Ein kostenloser MP3-Download zum Buch ist unter
www.hueber.de/audioservice erhältlich.

Das Werk und seine Teile sind urheberrechtlich geschützt.
Jede Verwertung in anderen als den gesetzlich zugelassenen
Fällen bedarf deshalb der vorherigen schriftlichen Einwilligung
des Verlags.

Hinweis zu § 52a UrhG: Weder das Werk noch seine Teile dürfen
ohne eine solche Einwilligung überspielt, gespeichert und in
ein Netzwerk eingespielt werden. Dies gilt auch für Intranets
von Firmen, Schulen und sonstigen Bildungseinrichtungen.

Eingetragene Warenzeichen oder Marken sind Eigentum des
jeweiligen Zeichen- bzw. Markeninhabers, auch dann, wenn
diese nicht gekennzeichnet sind. Es ist jedoch zu beachten,
dass weder das Vorhandensein noch das Fehlen derartiger
Kennzeichnungen die Rechtslage hinsichtlich dieser
gewerblichen Schutzrechte berührt.

3   2.   1.   Die letzten Ziffern
2017 16   15   14   13   bezeichnen Zahl und Jahr des Druckes.
Alle Drucke dieser Auflage können, da unverändert,
nebeneinander benutzt werden.
1. Auflage
© 2013 Hueber Verlag GmbH & Co. KG, 85737 Ismaning, Deutschland
Umschlaggestaltung: creative partners gmbh, München
Coverfoto: © Thinkstock/Comstock Images
Co-Autor: John Stevens, Bad Münstereifel
Illustrationen: © Adrian Sonnberger, www.die-illustration.de
Redaktion: Katrin Dorhmi, Juliane Forßmann, Hueber Verlag, Ismaning
Layout und Satz: Sieveking · Verlagsservice, München
Druck und Bindung: Firmengruppe APPL, aprinta druck, Wemding
Printed in Germany
ISBN 978-3-19-407932-8

EINFÜHRUNG

Gekonnt und sicher mitreden in vielen Alltagssituationen: Das bietet Ihnen
Alltagstauglich Türkisch. Hier finden Sie zu vielen gängigen Gesprächs-
themen idiomatisch richtige Wendungen, Fragen und Antworten, um eine
Unterhaltung auf Türkisch leicht beginnen und flüssig fortführen zu können.
Das Buch eignet sich zum Selbststudium, zur Auffrischung oder Verbesserung
Ihrer Türkischkenntnisse sowie als Begleiter auf Reisen.

Einen Überblick über die behandelten Themen bieten die folgenden zwei
Seiten. Jedes Hauptkapitel (A, B, C …) enthält vier zum Thema passende
Unterkapitel (1, 2, 3, 4 …). Die Unterkapitel sind tabellarisch (Türkisch –
Deutsch) aufgebaut und nehmen je eine Doppelseite ein. In der Randspalte
finden Sie Hinweise zum Sprachgebrauch. Am Ende eines jeden Unterkapi-
tels erfahren Sie unter der Rubrik „Gut zu wissen!" allerhand Interessantes
zu Sprache, Landeskunde und kulturellen Unterschieden.

Die wichtigsten Do's & Dont's für ein gelungenes Gespräch (Umschlaginnen-
seite vorne), Hinweise zur Körpersprache (ab S. 110), Erläuterungen zu den
Zahlen im Türkischen (S. 112) sowie eine Anleitung zum Buchstabieren
(Umschlaginnenseite hinten) runden das Werk ab.

Ein kostenloser MP3-Download zu allen Wendungen und Sätzen ist unter
www.hueber.de/audioservice erhältlich. So können Sie die richtige Aus-
sprache trainieren und ganz einfach unterwegs lernen und üben.

Ein paar weitere Hinweise zum Lernen mit diesem Buch:
- Die deutschen Texte stellen meist idiomatische Entsprechungen dar
  und keine wortwörtlichen Übersetzungen.
- In *kursiver Schrift* werden alternative Begriffe bzw. Ausdrücke dargestellt.
- Im Türkischen werden Suffixe an ein Wort angehängt, die die Bedeutung
  des Wortes verändern bzw. erweitern. Die Suffixe werden dabei nach der
  sog. „Vokalharmonie" an den letzten Vokal des Grundworts angepasst:
  Bei der kleinen Vokalharmonie (z. B. Plural-, Dativ-, Lokativ-, Ablativ-
  suffixe) folgt einem hellen Vokal (e, i, ö, ü) im Grundwort ein *e* im Suffix,
  einem dunklen Vokal (a, ı, o, u) hingegen ein *a: ev-ler* (Häuser), *okul-lar*
  (Schulen). Bei der großen Vokalharmonie (z. B. Personal-, Possessiv-,
  Genitiv-, Akkusativsuffixe) folgt einem *e* und *i* im Grundwort ein *i* im
  Suffix, einem *ö* und *ü* ein *ü*, einem *a* und *ı* ein *ı*, und einem *o* und *u* ein *u: *
  ev-im (mein Haus), *şoför-ün* (dein Fahrer), *araba-sı* (sein Auto) und *okul-*
  umuz (unsere Schule). Im Buch werden je nach Inhalt immer nur Beispiele
  angegeben – Analogien lassen sich daraus einfach ableiten.

Viel Erfolg wünschen Autorin und Verlag!

A BEGRÜSSEN, VORSTELLEN UND VERABSCHIEDEN — ab S. 6

1	Die erste Begegnung	S. 6
2	Sich wiedersehen	S. 8
3	Sich untereinander bekannt machen	S. 10
4	Sich verabschieden	S. 12

B GUTER UMGANG: BITTE, DANKE & CO. — ab S. 14

5	Bitten und danken	S. 14
6	Sich entschuldigen	S. 16
7	Können Sie das wiederholen?	S. 18
8	Ein Gespräch in Gang halten	S. 20

C MITEINANDER INS GESPRÄCH KOMMEN — ab S. 22

9	Über die Herkunft sprechen	S. 22
10	Über das Wetter sprechen	S. 24
11	Nettigkeiten und Komplimente	S. 26
12	Flirten	S. 28

D SICH NÄHER KENNENLERNEN — ab S. 30

13	Über den Beruf sprechen	S. 30
14	Familie und Werdegang	S. 32
15	Alltag und Routinen	S. 34
16	Jemanden beschreiben	S. 36

E EINLADUNGEN UND VERABREDUNGEN — ab S. 38

17	Einladungen	S. 38
18	Wann und wo?	S. 40
19	Zu Gast sein	S. 42
20	Der passende Abschied	S. 44

F GUTE UND SCHLECHTE NACHRICHTEN — ab S. 46

21	Gute Nachrichten und Glückwünsche	S. 46
22	Schlechte Nachrichten	S. 48
23	Lustige Anekdoten und Witze	S. 50
24	Ein schlechter Tag	S. 52

G GEFÜHLE UND EMOTIONEN — ab S. 54

25	Interesse und Desinteresse bekunden	S. 54
26	Hoffnung, Freude und Glück	S. 56

27	Enttäuschung und Traurigkeit	S. 58
28	Überraschung und Unglaube	S. 60

H DIE MEINUNG ÄUSSERN — ab S. 62

29	Die Ansichten anderer und Ihre eigene Meinung	S. 62
30	Zustimmung ausdrücken	S. 64
31	Widersprechen	S. 66
32	Beschwerde und Reklamation	S. 68

I UNTERWEGS IN DER STADT — ab S. 70

33	Vorschläge und Empfehlungen	S. 70
34	Im Restaurant	S. 72
35	Shopping	S. 74
36	In der Unterkunft	S. 76

J FREIZEIT — ab S. 78

37	Interessensgebiete	S. 78
38	Sport	S. 80
39	Kunst und Kultur	S. 82
40	Film und Musik	S. 84

K URLAUB UND REISE — ab S. 86

41	Urlaubspläne und Reiseberichte	S. 86
42	Unterwegs	S. 88
43	Ausflüge und Besichtigungen	S. 90
44	Wellness und Erholung	S. 92

L AM TELEFON — ab S. 94

45	Private Telefongespräche	S. 94
46	Geschäftliche Telefongespräche	S. 96
47	Eine Nachricht hinterlassen	S. 98
48	Reservieren und bestellen	S. 100

M MEDIEN UND KOMMUNIKATION — ab S. 102

49	SMS und Messaging	S. 102
50	Chatten und soziale Medien	S. 104
51	Mailen und digitale Daten teilen	S. 106
52	Briefe und Karten schreiben	S. 108

A

Begrüßen,
Vorstellen und
Verabschieden

1 İlk karşılaşma
Die erste Begegnung

Ahmet Bey?	Herr Ahmet?
Helga Hanım?	Frau Helga?
Özür dilerim, siz Ahmet Bey misiniz?	Entschuldigung, sind Sie Herr Ahmet?
Siz, Ahmet Bey olmalısınız.	Sie müssen Herr Ahmet sein.
Merhaba.	Guten Tag. / Hallo.
Memnun oldum.	Freut mich.
Sizinle *bu kadar zamandan sonra / sonunda* şahsen görüşmek, ne güzel.	Wie schön, Sie *nach dieser langen Zeit / endlich* persönlich zu treffen.
Türkiye'ye hoş geldin(iz).	Willkommen in der Türkei.
Size, Ahmet diyebilir miyim?	Darf ich Ahmet zu Ihnen sagen?
Tabii, bana Ahmet diyebilirsiniz.	Selbstverständlich, Sie können mich Ahmet nennen.
Teşekkür ederim, ben (de) Helga.	Danke, (und) ich bin Helga.
Beni karşılamaya geldiğiniz için teşekkür ederim.	Danke, dass Sie mich abholen gekommen sind.
Rica ederim. / Memnuniyetle.	*Bitte. / Gerne.*
Yolculuğunuz nasıl geçti?	Wie war Ihre Reise?
Uçuşunuz iyi geçti mi?	Hatten Sie einen guten Flug?
Yolculuk iyi geçti, teşekkür ederim.	Die Reise ist gut gelaufen, danke.
Biraz gecikme oldu.	Es gab ein wenig Verspätung.
Bagajda bir sorun oldu.	Es gab ein Problem mit dem Gepäck.

Erwidern Sie *memnun oldum* stets mit *ben de memnun oldum* (freut mich **auch**).

Hoş geldin wird bei der Du-Form, *hoş geldiniz* bei der Sie-Form verwendet. Auf *hoş geldin(iz)* (willkommen) wird als Erwiderung stets *hoş bulduk* (danke) erwartet.

Bagajınıza yardımcı olabilir miyim?	Kann ich Ihnen mit Ihrem Gepäck behilflich sein?
Bavulunuzu almamı ister misiniz?	Möchten Sie, dass ich Ihnen Ihren Koffer abnehme?
Çantanızı / Bavulunuzu / Bagajınızı ben alayım, isterseniz.	Lassen Sie mich *Ihre Tasche / Ihren Koffer / Ihr Gepäck* nehmen.
... ben taşıyayım, isterseniz.	Lassen Sie mich ... tragen.
(Çok) Sevinirim.	Das würde mich (sehr) freuen.
Çok naziksiniz.	Das ist sehr freundlich von Ihnen.
Gereği yok, teşekkür ederim.	Das ist nicht nötig, danke.
Gidelim, isterseniz.	Lassen Sie uns gehen.
Arabam, hemen *kapının önünde / çıkışta* (duruyor).	Mein Auto steht gleich *vor der Tür / am Ausgang*.
Arabam, *park yerinde / otoparkta* (duruyor).	Mein Auto steht *auf dem Parkplatz / im Parkhaus*.
Bir taksiye binelim, isterseniz.	Lassen Sie uns ein Taxi nehmen.
Trene / Otobüse binmemiz gerekiyor.	Wir müssen *die Bahn / den Bus* nehmen.
Yaklaşık ... dakika sürer.	Es dauert etwa ... Minuten.
Yarım saatimizi / Bir saatimizi alır.	Wir brauchen *eine halbe Stunde / eine Stunde*.

Bei Vorschlägen, die im Deutschen mit „Lass mich / Lassen Sie mich / Lasst uns …" beginnen, wird im Türkischen oft *istersen / isterseniz* (wenn du willst / wenn Sie wollen) hinzugefügt, um dem Gesprächspartner die Option offenzuhalten, den Vorschlag abzulehnen. Ablehnen können Sie mit einem einfachen *teşekkür ederim* (danke) und einer kurzen, abwinkenden Handbewegung.

Gut zu wissen!
Verwenden Sie bei der Anrede von türkischen Gesprächspartnern stets den Vornamen mit nachgestelltem *Bey* (Herr) oder *Hanım* (Frau); so z. B. *Ahmet Bey*, *Ayşe Hanım*. Bei nicht-türkischen Gesprächspartnern ist es gebräuchlicher, den Nachnamen zu verwenden und *Bay* (Herr) oder *Bayan* (Frau) voranzustellen; so z. B. *Bay / Bayan Schmidt*. Seien Sie aber nicht erstaunt, wenn ein Türke Sie mit *Helga Hanım* oder *Heinz Bey* anspricht – diese Anrede ist durchaus höflich; sie soll Nähe aufbauen und signalisieren, dass Sie willkommen sind.

7

A

Begrüßen,
Vorstellen und
Verabschieden

2 Tekrar görüşmek
Sich wiedersehen

Merhaba Kenan!	Hallo Kenan!
Seni tekrar görmek ne güzel!	Wie schön, dich wiederzusehen!
Seni de!	Dich auch!
Nasılsın?	Wie geht es dir?
Teşekkür ederim, (çok) iyiyim.	Danke, (sehr) gut.
Sen nasılsın?	Und dir?
Uzun zamandır görüşemedik.	Lange nicht gesehen.
Görüşmeyeli uzun zaman oldu.	Es ist schon lange her, dass wir uns gesehen haben.
En son ne zaman görüşmüştük?	Wann haben wir uns das letzte Mal gesehen?
En son, … görüşmüştük.	Das letzte Mal haben wir uns … gesehen.
Beni tanıyabildiğine şaşırdım.	Mich wundert's, dass du mich wiedererkannt hast.
Hiç değişmemişsin.	Du hast dich überhaupt nicht verändert.
Biraz saçım döküldü.	Ich habe ein paar Haare verloren.
Biraz kilo aldım.	Ich habe ein bisschen zugenommen.
Kilo vermişsin.	Du hast abgenommen.
Saçlarını değiştirmişsin.	Du trägst deine Haare anders.
Yakışmış (sana).	Es steht dir.

Nasılsınız? = Wie geht es Ihnen?

Siz nasılsınız? = Und Ihnen?

geçen sene = letztes Jahr
geçen ilkbahar / yaz / sonbahar / kış = letzten Frühling / Sommer / Herbst / Winter
iki hafta / ay / sene önce = vor zwei Wochen / Monaten / Jahren
2010 senesinde = (im Jahr) 2010

Çok iyi görünüyorsun.	Du siehst toll aus.
Yolu / Evi hemen bulabildin mi?	Hast du *den Weg / das Haus* gleich finden können?
Burasını bulmak zor muydu?	War's schwierig, hierher zu finden?
Seni tekrar görmek, gerçekten çok güzel.	Es ist wirklich sehr schön, dich wiederzusehen.
Gelebildiğine / Tekrar görüşebildiğimize, gerçekten çok seviniyorum.	Ich freue mich wirklich sehr, *dass du kommen konntest / dass wir uns wiedersehen können*.
Seni ne kadar çok özlediğimi, anlatamam (sana).	Ich kann (dir) gar nicht sagen, wie sehr ich dich vermisst habe.
Ne var ne yok?	Was gibt's Neues?
Çok şey oldu.	Es hat sich viel getan.
Her şey eskisi gibi.	Es ist alles beim Alten.
Ayşe nasıl?	Wie geht es Ayşe?
Emel ve Eşref nasıllar?	Wie geht es Emel und Eşref?
Ayşe, (mutlaka) seni tekrar görmek / (mutlaka) seninle tanışmak istiyor.	Ayşe will *dich (unbedingt) wiedersehen / dich (unbedingt) kennenlernen*.
Biri, seninle tanışmak için çok sabırsızlanıyor.	Jemand kann es kaum erwarten, dich kennenzulernen.
Bunların hepsi bana çok tanıdık geliyor.	Das alles kommt mir sehr bekannt vor.
Bunların hepsi değişti artık.	Das alles ist jetzt anders.

Verwenden Sie das eher umgangssprachliche *Ne var ne yok?* nur, wenn Sie einen engen, persönlichen Kontakt zum Gesprächspartner haben.

Gut zu wissen!
Fragen nach dem Befinden sollten Sie, ohne ins Detail zu gehen, mit einem einleitendem *teşekkür ederim* (danke) und nachgestelltem *iyiyim* (mir geht es gut), *iyi* (ihm / ihr geht es gut) bzw. *iyiler* (ihnen geht es gut) beantworten. Falls Sie nach dem Befinden anderer gefragt werden (*Hans nasıl? Helga ve Hans nasıllar?*), sollten Sie höflichkeitshalber *Selamı var.* (Schöne Grüße von ihm / ihr.) bzw. *Selamları var.* (Schöne Grüße von ihnen.) hinzufügen – auch wenn es nicht unbedingt der Wahrheit entspricht.

A

3 Birbiriyle tanışmak
Sich untereinander bekannt machen

Eşim Sevil'i, tanıyor musunuz?	Kennen Sie meine Ehefrau Sevil?
İş arkadaşım Mehtap ile tanıştınız mı?	Haben Sie schon meine Kollegin Mehtap kennengelernt?
Sizi, Ayşe Altın ile tanıştırabilir miyim?	Kann ich Sie mit Ayşe Altın bekannt machen?
En yakın arkadaşım ile tanışmak ister misin?	Möchtest du meine beste Freundin kennenlernen?
Gel, seni İlker ile tanıştırayım.	Komm, ich mache dich mit Ilker bekannt.
Sana, Hasan'ı tanıştırayım.	Lass mich dir Hasan vorstellen.

Bu, ...	Das ist ...
... eşim.	... mein Mann / meine Frau.
... oğlum (Ahmet) / kızım (Ayşe).	*... mein Sohn (Ahmet) / meine Tochter (Ayşe).*
... hayat arkadaşım.	... mein(e) Lebensgefährte(in).
... erkek arkadaşım / kız arkadaşım.	*... mein Freund / meine Freundin.*
... iş ortağım.	... mein(e) Geschäftspartner(in).
... Ahmet Altıntop.	... Ahmet Altıntop.
Bunlar, Zeynep ve Zeynel.	Das sind Zeynep und Zeynel.

O, ...	Er ist / Sie ist ...
... iyi bir arkadaşım.	... ein(e) gute(r) Freund(in) von mir.

Arkadaş ist geschlechtsneutral und bedeutet sowohl „Freund" als auch „Freundin". Dasselbe gilt z. B. für: *eş* = Ehemann / Ehefrau, *hayat arkadaş* = Lebensgefährte(in), *ortak* = Geschäftspartner(in), *patron* = Chef(in), *stajyer* = Praktikant(in), *komşu* = Nachbar(in)

Mit *erkek arkadaş / kız arkadaş* ist „der / die **feste** Freund(in)" gemeint. Meinen Sie **allgemein** „der/die Freund(in)", verwenden Sie bitte nur *arkadaş*.

... komşumuz.	... unser(e) Nachbar(in).
... bir iş arkadaşım.	... ein(e) Kollege(in) von mir.
... burada stajyer.	... Praktikant(in) hier.
... patronum.	... mein(e) Chef(in).
Henüz tanışmadık, öyle değil mi?	Wir kennen uns noch nicht, oder?
Kendimi kısaca tanıtabilir miyim?	Darf ich mich kurz vorstellen?
Affedersiniz, daha önce başka bir yerde karşılaşmış olabilir miyiz?	Entschuldigung, kann es sein, dass wir uns schon einmal irgendwo anders begegnet sind?
Daha önce telefonda görüşmemiş miydik?	Haben wir uns nicht schon einmal am Telefon gesprochen?
Daha önce başka bir yerde karşılaştığımızı biliyordum.	Ich wusste, dass wir uns bereits irgendwo anders begegnet sind.
Sanırım, bir yanlışlık var.	Ich glaube, es liegt ein Irrtum vor.
Sanırım, beni başka biriyle karıştırıyorsunuz.	Ich glaube, Sie verwechseln mich mit jemand anderem.
Aa, kusura bakmayın, ona çok benziyorsunuz.	Ach, entschuldigen Sie bitte, Sie sehen ihm / ihr sehr ähnlich.

Gut zu wissen!
Die Begrüßung und Verabschiedung in der Türkei erfolgt in Bezug auf Geschlecht und Bekanntheitsgrad auf unterschiedliche Weise: Unter Frauen gibt es fast immer ein Küsschen links und rechts auf die Wangen. Bei Männern ist es meist nur ein einfacher Handschlag, außer sie sind sich sehr vertraut – dann sind auch hier Küsschen erlaubt. Küsschen zwischen Männern und Frauen sind eher selten und kommen nur dann vor, wenn die Gesprächspartner derselben Familie angehören oder sehr gut befreundet sind.

A

4 Vedalaşmak
Sich verabschieden

Hoşça kal wird bei der Du-Form, *hoşça kalın* bei der Sie-Form verwendet. Antworten Sie auf *hoşça kal(ın)* (auf Wiedersehen) stets mit *güle güle* (auf Wiedersehen).

Hoşça kal(ın).	(Auf) Wiedersehen. / Tschüss.
Kendine iyi bak.	Pass auf dich auf.
Görüşmek üzere.	Bis bald / demnächst.
Tanıştığımıza (çok) memnun oldum.	Es hat mich (sehr) gefreut, Sie kennenzulernen.
Seni tekrar görmek, (çok) güzeldi.	Es war (sehr) schön, dich wiederzusehen.
Umarım, yakın zamanda tekrar görüşürüz.	Ich hoffe, wir sehen uns bald wieder.
En geç Ankara'da görüşmek üzere.	Bis spätestens in Ankara.
Pazartesi günü görüşmek üzere.	Bis Montag.
İyi uçuşlar!	Guten Flug!
Sağ salim eve varın.	Kommen Sie gut nach Hause.
Umarım, her şey yolunda gider.	Ich hoffe, dass alles gut geht.
Herhangi bir sorun olursa, bana bir mesaj gönder.	Schick mir eine SMS, wenn es irgendwelche Probleme gibt.
Eve vardığında, bana haber ver.	Gib mir Bescheid, wenn du zu Hause angekommen bist.
Dieter'e selamlar.	(Schöne) Grüße an Dieter.
Heike'ye selamlar, sevgiler.	Liebe Grüße an Heike.
Eşinize selamlarımı iletin lütfen.	Richten Sie Ihrer Ehefrau bitte schöne Grüße von mir aus.

pazartesi (günü) = Montag
salı (günü) = Dienstag
çarşamba (günü) = Mittwoch
perşembe (günü) = Donnerstag
cuma (günü) = Freitag
cumartesi (günü) = Samstag
pazar (günü) = Sonntag

İrtibatta kalalım.	Lass uns in Kontakt bleiben.
Buralara tekrar yolun düşerse, *bana / bize* haber vermeyi unutma.	Vergiss nicht, *mir / uns* Bescheid zu geben, wenn du wieder einmal in der Gegend bist.
Sana *kapım / kapımız* her zaman açık.	Du bist (*mir / uns*) jederzeit herzlich willkommen.
Her zaman bekleriz.	Du bist / Sie sind uns immer willkommen.
Müsaadenizle.	Wenn Sie mich bitte entschuldigen?
Üzgünüm, birazdan gitmem gerekiyor.	Es tut mir leid, ich muss bald gehen.
Maalesef artık gitmem gerekiyor.	Ich muss jetzt leider los.
Artık gitme vakti geldi.	Es ist jetzt Zeit zu gehen.
Artık yola çıkma vakti geldi.	Es ist jetzt Zeit, sich auf den Weg zu machen.
Gitmem gerekiyor.	Ich muss los.
Yok, artık gerçekten gitmem gerekiyor.	Nein, ich muss jetzt wirklich gehen.

Sana kapım / kapımız her zaman açık bedeutet wörtlich „meine / unsere Tür steht dir jederzeit offen". *Başımın / Başımızın üstünde yerin var* (du bist (mir / uns) jederzeit herzlich willkommen) ist noch persönlicher und kann wortwörtlich wiedergegeben werden als „du hast stets einen Platz auf meinem / unserem Kopf".

Gut zu wissen!

Wie in vielen Ländern wird auch in der Türkei beim Gehen der Gäste darauf gedrängt, doch noch ein wenig zu bleiben: *Daha otur / oturun! Daha çok erken!* (Bleib / Bleiben Sie doch noch! Es ist doch noch früh!). Bedanken Sie sich bei den Gastgebern mehrmals mit einem herzlichen *Çok teşekkür ederim.* (Vielen Dank.) und benutzen Sie wiederholt Floskeln, wie zum Beispiel *Yok, artık gerçekten gitmem gerekiyor; çok geç oldu.* (Nein, ich muss jetzt wirklich gehen; es ist sehr spät geworden.), um den Abschied nicht allzu abrupt zu gestalten. Der Gastgeber wird letztlich wohl oder übel mit einer kurzen, nach rechts geneigten Kopfbewegung Ihren Entschluss zu gehen akzeptieren müssen und höflichkeitshalber nochmals sagen: *Biraz daha otursaydın/ız!* (Wärst du / Wären Sie doch noch ein wenig geblieben!).

B

**Guter Umgang:
Bitte, danke
& Co.**

5 Rica etmek ve
teşekkür etmek
Bitten und danken

Sie können *teşekkür ederim* auch durch *teşekkürler* (danke) ersetzen, was allerdings etwas salopper ist.

Bir saniye lütfen.	Einen Augenblick, bitte.
Yardıma ihtiyacınız var mı? – Evet, teşekkür ederim.	Benötigen Sie Hilfe? – Ja, danke.
Bunu, oda hesabıma ekler misiniz lütfen?	Könnten Sie das bitte auf meine Zimmerrechnung setzen?
Bana yolu gösterir misiniz lütfen?	Könnten Sie mir bitte den Weg zeigen?
Arabanızı başka bir yere park eder misiniz lütfen?	Könnten Sie Ihr Auto bitte woandershin parken?
Burasını imzalar mısınız lütfen?	Würden Sie bitte hier unterschreiben?
Bir arkadaşımı getirsem, senin için bir sakıncası var mı?	Hättest du etwas dagegen, wenn ich eine(n) Freund(in) mitbringe?
Burada beklemenizin, sizin için bir mahzuru var mı?	Würde es Ihnen etwas ausmachen, hier zu warten?
Rica etsem, …	Ob ich wohl darum bitten könnte, …
Sana / Size bir ricam olacak.	Ich hätte eine Bitte *(an dich / an Sie)*.
Teşekkür ederim.	Danke. / Ich danke.
Teşekkür ederiz.	Danke. / Wir danken.
Çiçekler / Cevabınız için teşekkür ederim.	Danke für *die Blumen / Ihre Antwort*.
Çok teşekkür ederim.	Vielen / Besten Dank.
Çok çok teşekkür ederim.	Vielen herzlichen Dank.

Für „danke" können Sie auch das aus dem Französischen stammende und an das Türkische angepasste *mersi* verwenden.

Sana / Size ne kadar teşekkür etsem azdır.	Ich kann *dir / Ihnen* gar nicht genug danken.
Biraz daha kahve alabilir miyim? – Tabii ki, buyurun.	Könnte ich noch etwas Kaffee haben? – Aber natürlich, bitte sehr.
Biraz daha kahve ister misiniz? – Hayır, teşekkür ederim.	Möchten Sie noch etwas Kaffee? – Nein, danke.
Teşekkür ederim. – Rica ederim.	Danke. – Bitte.
Teşekkür ederim. – Memnuniyetle. / Seve seve.	Danke. – (Sehr) Gerne.
Teşekkür ederim. – Estağfurullah.	Danke. – Gern geschehen.
Teşekkür ederim. – Bir şey değil.	Danke. – Nichts zu danken.
Teşekkür ederim. – Sorun değil.	Danke. – Kein Problem.
Bana çok yardımcı oldunuz.	Sie waren mir eine große Hilfe.
Çok naziksin.	Das ist sehr freundlich von dir.
Çok naziksiniz.	Das ist sehr freundlich von Ihnen.

Buyur für die Du-Form, *buyurun* für die Sie-Form.

Verwenden Sie *sorun değil* nur in informellen und lockeren Gesprächs-situationen. In formellen Gesprächs-situationen verwenden Sie lieber das neutrale *rica ederim*.

Gut zu wissen!
Das deutsche „bitte" ist – wie in vielen Sprachen – auch im Türkischen eine regelrechte Sprachfalle, da es hierfür verschiedene Entsprechungen gibt:
1. „Bitte" bei einer Bitte oder Aufforderung:
   *İki kahve, **lütfen**. (Zwei Kaffee, bitte.)
2. „Bitte (schön / sehr)" beim Überreichen eines Gegenstands oder beim Aufhalten der Tür:
   ***Buyurun**, iki kahve.* (Bitte sehr, zwei Kaffee.)
3. „Bitte (schön)" als Reaktion auf einen Dank:
   *Teşekkür ederim. – **Rica ederim**. (Danke. – Bitte.)
4. „(Wie) bitte?":
   ***Efendim? / Pardon?** (Wie bitte?)

B

Guter Umgang: Bitte, danke & Co.

6 Özür dilemek
Sich entschuldigen

Sie können anstelle von *özür dilerim / özür dileriz / affedersin / affedersiniz* auch das aus dem Französischen stammende *pardon* verwenden.

Anstelle von *kusuruma bakma / kusuruma bakmayın* (wortwörtlich: „schau / schauen Sie bitte nicht auf **meinen** Fehler") werden Sie oftmals auch nur *kusura bakma / kusura bakmayın* lesen und hören, was allgemeiner gehalten ist und direkt übersetzt bedeutet: „schau / schauen Sie bitte nicht auf **den** Fehler".

Özür dilerim.	Entschuldigung. / Ich bitte um Entschuldigung.
Özür dileriz.	Entschuldigung. / Wir bitten um Entschuldigung.
Affedersin.*	Entschuldige (bitte).
Affedersiniz.	Entschuldigen Sie (bitte).
Üzgünüm.	(Es) Tut mir leid.
Kusuruma bakma.	Entschuldige (bitte).
Kusuruma bakmayın.	Entschuldigen Sie (bitte).
Çok özür dilerim.	Ich bitte vielmals um Entschuldigung.
Tüm kalbimle özür dilerim.	Ich bitte herzlichst um Entschuldigung.
Tüm samimiyetimle özür dilerim.	Ich bitte aufrichtig um Entschuldigung.
Özür dilerim, sizi görmedim.	Entschuldigung, ich habe Sie nicht gesehen.
Rahatsız ettiğim için özür dilerim.	Entschuldigung, dass ich störe.
Sizi rahatsız etmek istemedim.	Ich wollte Sie nicht storen.
Misafirinizin olduğunu bilmiyordum.	Ich wusste nicht, dass Sie Besuch haben.
Geç kaldığım için özür dilerim.	Entschuldigung, dass ich zu spät komme.
Biraz geciktirildim.	Ich bin etwas aufgehalten worden.

Bu nasıl oldu, anlayamadım.	Ich verstehe nicht, wie das passieren konnte.
Bunun olmaması gerekiyordu.	Das hätte nicht passieren dürfen.
Bu benim için gerçekten çok utanç verici.	Das ist mir wirklich sehr peinlich.
Bir yanlış anlaşılma var galiba.	Es scheint ein Missverständnis vorzuliegen.
Burada bir yanlışlık olmalı.	Hier muss ein Fehler vorliegen.
Bir şey ters gitti.	Etwas ist schiefgelaufen.
Her şey karıştı.	Alles ist durcheinandergeraten.
Özür dilerim. – Rica ederim. / Önemli değil.	Entschuldigung. – Macht nichts.
Özür dilerim. – Bir şey olmadı.	Entschuldigung. – Nichts passiert.
Özür dilerim. – Sorun değil.	Entschuldigung. – Kein Problem.

Auch hier gilt: Verwenden Sie *sorun değil* nur in informellen und lockeren Gesprächssituationen. In formellen Gesprächssituationen verwenden Sie lieber das neutrale *rica ederim*.

Gut zu wissen!
Wie Sie in diesem Kapitel gesehen haben, gibt es im Türkischen viele Möglichkeiten, sich zu entschuldigen. Welche Art der Entschuldigung Sie verwenden sollten, hängt vom Intensivitätsgrad der Entschuldigung ab:
1. **Bei neutralen Entschuldigungen:**
   özür dilerim; affedersin/iz; pardon; kusura bakma / kusura bakmayın; üzgünüm
2. **Bei etwas intensiveren Entschuldigungen:**
   çok özür dilerim; çok affedersin/iz; kusuruma bakma / kusuruma bakmayın; çok üzgünüm
3. **Bei sehr intensiven Entschuldigungen:**
   çok çok özür dilerim; tüm kalbimle özür dilerim; tüm samimiyetimle özür dilerim; çok çok üzgünüm

B

**Guter Umgang:
Bitte, danke
& Co.**

7 Bunu tekrarlayabilir misiniz?
Können Sie das wiederholen?

Türkçe / Almanca konuşuyor musunuz?	Sprechen Sie *Türkisch / Deutsch*?
Az da olsa, evet.	Ja, allerdings nur ein wenig.
Beni anlıyor musunuz?	Verstehen Sie mich?
Anlıyorum.	(Ich) Verstehe.
Anladım.	Ich habe verstanden.
Efendim?	Wie bitte?
Ne? / Nasıl?	*Was? / Wie?*
Özür dilerim, (bunu) anlamadım.	Entschuldigung, ich habe (das) nicht verstanden.
Bunu tam anlayamadım.	Das habe ich nicht ganz verstehen können.
Özür dilerim, ne dediniz?	Entschuldigung, was haben Sie gesagt?
Bunu yazabilir misiniz lütfen?	Könnten Sie das bitte aufschreiben?
Bu, büyük yoksa küçük S harfi ile mi yazılıyor?	Wird das mit einem großen oder kleinen S geschrieben?
Biraz *yavaş / sesli* konuşabilir misiniz lütfen?	Könnten Sie bitte etwas *langsamer / lauter* sprechen?
Özür dilerim, bunu tekrarlayabilir misiniz lütfen?	Entschuldigung, könnten Sie das bitte wiederholen?
Özür dilerim, son söylediğiniz kelime neydi?	Entschuldigung, was war das letzte Wort, das Sie gesagt haben?
Bunu farklı söyleyebilir misiniz lütfen?	Könnten Sie das bitte anders sagen / formulieren?

Für „Wie bitte?" können Sie auch das aus dem Französischen stammende *Pardon?* verwenden.

Glücklicherweise werden im Türkischen die meisten Wörter kleingeschrieben. Ausnahmen sind Eigennamen, Länder-/ Sprach- und Nationalitätsbezeichnungen, Orts- und Gewässernamen, akademische Titel, die Anrede „Herr" und „Frau" (siehe auch Abschnitt 1) und natürlich das erste Wort eines Satzes.

Maalesef bunun Türkçe kelimesini bilmiyorum.	Leider kenne ich das türkische Wort dafür nicht.
... ne demek?	Was bedeutet ...?
Bu, *Türkçe'de / Almanca'da* ne demek?	Wie heißt das *auf Türkisch / auf Deutsch*?
Bunun *Türkçe / Almanca* karşılığı nedir?	Wie lautet die *türkische / deutsche* Entsprechung dafür?
Türkçe'de ..., nasıl derim?	Wie sage ich auf Türkisch, dass ...?
"Araba" mı demek istiyorsunuz?	Meinen Sie „Auto"? / Wollen Sie „Auto" sagen?
Bana bir örnek verebilir misiniz?	Können Sie mir ein Beispiel nennen?
Bu, nasıl yazılır?	Wie schreibt man das?
Bu, nasıl söylenir?	Wie sagt man das?
Bu, nasıl telaffuz edilir?	Wie spricht man das aus?
Bu, nasıl hecelenir?	Wie buchstabiert man das?
Özür dilerim, sanırım, kendimi yanlış ifade ettim.	Entschuldigung, ich glaube, ich habe mich falsch ausgedrückt.
Bunu başka türlü söylemeye çalışayım.	Ich versuche, das anders zu sagen.
Asıl demek istediğim şey, ... idi.	Was ich eigentlich sagen wollte, war ...

Die Fragepartikel *mı / mi / mu / mü* hängt – von einigen Ausnahmen abgesehen – vom **letzten Vokal des vorhergehenden Wortes** ab:

a, ı → *mı* (araba mı? = Auto?)

e, i → *mi* (kalem mi? = Stift?)

o, u → *mu* (motor mu? = Motor?)

ö, ü → *mü* (gözlük mü? = Brille?)

Gut zu wissen!
Wenn Sie mit Ihrem Türkisch einmal am Ende sein sollten und sich nicht mehr mit Worten verständlich machen können, greifen Sie doch einfach auf Gestik, Mimik, Geräusche oder auf Zeichnungen zurück. Türken freuen sich, wenn Ausländer sich die Mühe machen, Türkisch zu sprechen, und werden Ihnen sicherlich helfen, wenn Sie einmal nicht mehr weiter wissen sollten. Mit einem Lächeln und dem Satz *Türkçe bazen gerçekten zor olabiliyor!* (Türkisch kann manchmal wirklich schwierig sein!) können Sie die Situation zudem gekonnt und witzig überspielen.

B

Guter Umgang:
Bitte, danke
& Co.

8 Bir konuşmayı devam
ettirmek
Ein Gespräch in
Gang halten

Typische Hörer-
rückmeldungen im
Türkischen sind:
aa = ach
(çok) ilginç = (sehr)
interessant
ee? = und (dann)?
*öyle mi? / gerçekten
mi?* = wirklich? /
tatsächlich?

Aa, öyle mi?	Ach so?
Aa, gerçekten mi?	Ach wirklich?
Bu çok ilginç!	Das ist ja interessant!
Ne kadar ilginç!	Wie interessant!
Bunu bilmiyordum.	Das wusste ich nicht.
Bunu daha önce hiç duymamıştım.	Davon habe ich zuvor noch nie (etwas) gehört.
Bunu ilk defa duyuyorum.	Das höre ich zum ersten Mal.
Bu harika değil mi?	Ist das nicht großartig?
Bu, *harika / olağanüstü / hariku-lade / inanılacak gibi değil!*	Das ist (ja) *großartig / wunder-bar / fantastisch / unglaublich!*
Süper!	Super!
Yok artık!	Nein, so was!
Aman Tanrım!	Ach du lieber Gott! / Oje!
Hadi canım!	Ach komm!
Ne diyeceğimi bilemiyorum.	Ich weiß nicht, was ich sagen soll.
Nasıl yani?	Wie (meinst du / meinen Sie das)?
Sonra ne oldu?	Was ist dann passiert?
(Sonra) Ne yaptın?	Was hast du (dann) gemacht?
Bunu gerçekten yapman gerekti mi?	Musstest du das wirklich machen?
Tepki nasıldı?	Wie war die Reaktion?
Ne dedi (ki)?	Was hat er / sie (denn) gesagt?

Anstelle von *Aman
Tanrım!* wird oftmals
auch *Aman Allahım!*
verwendet.

Verwenden Sie *Nasıl
yani?* nur, wenn Sie
von Ihrem Gesprächs-
partner eine ausführ-
lichere Beschreibung
dessen erwarten,
was er zuvor gesagt
hat.

Ne yaptı (ki)?	Was hat er / sie (denn) getan?
Bunu nasıl öğrendin?	Wie hast du das herausgefunden?
Sonuçta ne zaman vardınız?	Wann seid ihr dann letztendlich angekommen?
Böyle bir şey, benim de başıma gelmişti.	So etwas ist mir auch schon mal passiert.
Bunu çok iyi bilirim.	Das kenne ich nur zu gut.
Böyle bir şey, beni çok sinirlendiriyor.	So etwas verärgert mich sehr.
Bu, kulağa pek hoş gelmiyor.	Das hört sich nicht so gut an.
Ne tuhaf bir durum.	Was für eine ungewöhnliche Situation.
Bu, bayağı zor olmalıydı.	Das muss ja ziemlich knifflig gewesen sein.
Ben ne yapardım, bilemiyorum.	Ich weiß nicht, was ich gemacht hätte.
Ne korkunç!	Wie schrecklich!
Bence ...	Ich finde, dass ...

Gut zu wissen!
Es ist gar nicht so schwer, ein guter Zuhörer und
Gesprächspartner zu sein. Nehmen Sie sich einfach
die folgenden drei Regeln zu Herzen:
Regel 1: Zeigen Sie durch Ihre Körperhaltung, dass Sie
an Ihrem Gesprächspartner interessiert sind. Schauen
Sie ihn dabei an, jedoch ohne ihm permanent in die
Augen zu sehen.
Regel 2: Zeigen Sie durch ‚Bestätigungsgeräusche und
-phrasen' (*aa; (çok) ilginç; ee?; öyle mi? / gerçekten mi?*), dass
Sie Ihrem Gegenüber folgen.
Regel 3: Vermeiden Sie sogenannte „Entscheidungs-
fragen", die einfach mit „ja" oder „nein" beantwortet wer-
den können. Stellen Sie stattdessen lieber sogenannte
„offene Fragen": *Kim?* (Wer?); *Nerede?* (Wo?); *Ne zaman?*
(Wann?); *Ne?* (Was?); *Nasıl?* (Wie?); *Neden?* (Warum?)

C

9 Köken hakkında konuşmak
Über die Herkunft sprechen

(Aslen) Nerelisin? / Nerelisiniz? ist eine beliebte Frage im Türkischen, die oft schon beim ersten Kennenlernen gestellt wird und auf Ihre (ursprüngliche) Herkunft abzielt. Sie können auf diese Frage mit Ihrem Geburtsort bzw. Ihrer Heimatstadt antworten; ansonsten reicht auch ein einfaches und pauschales *Almanya'dan geliyorum* (Ich komme aus Deutschland).

(Sen,) Alman mısın?	Bist du Deutsche(r)?
(Siz,) Alman mısınız?	Sind Sie / Seid ihr Deutsche(r)?
Evet, *Almanım / Almanız.*	Ja, *ich bin Deutsche(r) / wir sind Deutsche.*
Nereden *geliyorsun / geliyorsunuz?*	Wo *kommst du / kommen Sie* her?
(Aslen) *Nerelisin / Nerelisiniz?*	*Woher kommst du / Woher kommen Sie* (ursprünglich)?
Ben, *Almanya'dan / Avusturya'dan / İsviçre'den* geliyorum.	Ich komme *aus Deutschland / aus Österreich / aus der Schweiz.*
... diye *bir şehirden / bir köyden / bir yerden* geliyorum.	Ich komme *aus einer Stadt / aus einem Dorf / aus einem Ort* namens ...
Orası neresi?	Wo ist das?
Orası, Almanya'nın *kuzeyinde / güneyinde / doğusunda / batısında.*	Das ist *im Norden / im Süden / im Osten / im Westen* von Deutschland.
Orası, aşağı yukarı Almanya'nın ortasında.	Das ist so etwa in der Mitte von Deutschland.
Orası, Berlin'e yakın.	Das ist in der Nähe von Berlin.
Orası, Münih'e çok uzak değil.	Das ist nicht weit entfernt von München.
Orası, *Ren kıyısında / Karaorman'da / deniz kıyısında.*	Das ist *am Rhein / im Schwarzwald / am Meer.*

Orası, *Kuzey Ren-Vestfalya'da / Bavyera'da.*	Das ist *in Nordrhein-Westfalen / in Bayern.*
Orası, Polonya *sınırında / sınırına yakın.*	Das ist *an der Grenze zu / nahe der Grenze zu* Polen.
Berlin'de doğdum.	Ich bin in Berlin geboren.
Ailem, aslen Polonya kökenli.	Meine Familie stammt ursprünglich aus Polen.
Dört sene önce Greifswald'a taşındım.	Ich bin vor vier Jahren nach Greifswald gezogen.
Orası, çok küçük bir yer.	Das ist ein winzig kleiner Ort.
Orası, çok ücra bir yer.	Es ist ein völlig abgelegener Ort.
Orası, pek bilinen bir yer değil.	Es ist kein wirklich bekannter Ort.
Muhtemelen orasını şimdiye kadar hiç duymamışsınızdır.	Wahrscheinlich haben Sie noch nie davon gehört.
Orası, oldukça sıkıcı.	Dort ist es ziemlich öde.
Orası, hoşuma gidiyor.	Mir gefällt es gut dort.
Nerede mutluysan, orası evindir.	Zuhause ist, wo man glücklich ist.
Buraya ilk defa mı geliyorsunuz?	Sind Sie das erste Mal hier?
Bu, Türkiye'ye ilk seyahatiniz mi?	Ist das Ihre erste Reise in die Türkei?

Die deutschen Bundesländer können Sie im Türkischen in der Regel ohne Änderung und durch Anhängen von … *Eyaleti* (Bundesland) ausdrücken, z. B. *Baden-Württemberg Eyaleti* (Baden-Württemberg), *Brandenburg Eyaleti* (Brandenburg). Ausnahmen von dieser Regel sind folgende Bundesländer, die eigene Bezeichnungen im Türkischen haben: *Bavyera* (Bayern), *Kuzey Ren-Vestfalya* (Nordrhein-Vestfalen), *Sar Eyaleti* (Saarland), *Saksonya* (Sachsen), *Aşağı Saksonya* (Niedersachsen).

Gut zu wissen!
Beim Kennenlernen sind Türken im Allgemeinen sehr neugierig und fragen gerne gleich nach dem Land bzw. der Stadt, aus der Sie kommen oder gar nach Ihrer Herkunft: *Nereden geliyorsun / geliyorsunuz?* (Woher kommst du / kommen Sie?) bzw. *(Aslen) Nerelisin? / Nerelisiniz?* (Woher kommst du / kommen Sie (ursprünglich)?). Das sind so übliche und gleichzeitig harmlose Fragen wie „Wie geht's?". Reagieren Sie gelassen und erzählen Sie ruhig etwas über Ihre Heimat – Sie werden schnell merken, dass Türken gerne zuhören und sich dadurch ein nettes Gespräch entwickeln kann.

C

Miteinander
ins Gespräch
kommen

Über das Wetter
sprechen

Bugün (çok) güzel bir gün, öyle değil mi?	Ein (sehr) schöner Tag heute, nicht wahr?
Bugün pek güzel bir gün değil, öyle değil mi?	Kein sehr schöner Tag heute, nicht wahr?
Ne *güzel / harika / kötü* bir gün!	Was für ein *schöner / wunderbarer / schrecklicher* Tag!
Hava, *iyi / kötü*.	Das Wetter ist *gut / schlecht*.
Hava, (çok) soğuk.	Es ist (sehr / so) kalt.
Hava, *sıcak / çok sıcak*.	Es ist *warm / heiß*.
Hava, (çok) rüzgarlı.	Es ist (sehr / so) windig.
En azından yağmur yağmıyor.	Wenigstens regnet es nicht.
Hava, *düne göre / sabaha göre* daha iyi.	Das Wetter ist besser *als gestern / als heute Morgen*.
Güneşi tekrar görmek, ne güzel.	Wie schön, die Sonne (mal) wieder zu sehen.
Bu mevsimde hava burada genellikle nasıl olur?	Wie ist das Wetter hier in dieser Jahreszeit normalerweise?
Hava, burada çoğu zaman böyledir.	Das Wetter ist hier oft so.
Sıcak havayı severim.	Ich mag es, wenn es warm ist.
Güneşi / Yazı çok severim.	Ich liebe *die Sonne / den Sommer*.
Soğuk havayı sevmem.	Ich mag es nicht, wenn es kalt ist.

rüzgar / rüzgarlı =
Wind / windig
güneş / güneşli =
Sonne / sonnig
yağmur / yağmurlu =
Regen / regnerisch
bulut / bulutlu =
Wolke / wolkig
sis / sisli =
Nebel / neblig
kar / karlı =
Schnee / verschneit

ilkbahar / ilkbaharda =
Frühling / im Frühling
yaz / yazın =
Sommer / im Sommer

Karı / Kışı hiç sevmem.	Ich mag *den Schnee / den Winter* überhaupt nicht.
Aşırı sıcağa dayanamam.	Ich vertrage die Hitze nicht.
Benim için sorun değil.	Mir macht es nichts aus.
Sabahtan akşama kadar güneş (var). Bu harika!	(Es gibt) Sonne von morgens bis abends. Das ist fantastisch!
Dün bardaktan boşanırcasına yağmur yağdı.	Gestern hat es wie aus Eimern geschüttet.
Dün gece şiddetli bir soğuk vardı.	Gestern Nacht gab es einen strengen Frost.
Hava *daha iyi / daha kötü* olamazdı.	Das Wetter könnte nicht *besser / schlechter* sein.
Hava durumu ne diyor?	Was sagt die Wettervorhersage?
Hava, çoğunlukla *yağışsız / yağmurlu / güneşli / bulutlu* geçecekmiş.	Es soll überwiegend *trocken / regnerisch / sonnig / wolkig* sein.
Hava, *daha iyi / daha kötü / daha sıcak / daha soğuk* olacakmış.	Es soll *besser / schlechter / wärmer / kälter* werden.
Yağmur / Kar gelecekmiş.	Es soll *Regen / Schnee* geben.
Sıcaklık, (sadece) üç derece.	Es sind (nur) drei Grad.
Sıcaklık, sıfırın altında sekiz derece.	Es sind minus acht Grad.
Sıcaklık, otuz dereceyi geçiyor.	Es sind über 30 Grad.

sonbahar /
sonbaharda =
Herbst / im Herbst
kış / kışın =
Winter / im Winter

Gut zu wissen!
Das Wetter ist – wie in vielen Ländern – auch in der
Türkei ein guter Aufhänger, um locker und ganz
unverbindlich ins Gespräch zu kommen. Wenn Ihr
Gegenüber eine Bemerkung über das Wetter macht,
reagieren Sie am besten, indem Sie etwas Bestätigen-
des oder Ergänzendes sagen. So entsteht eine gute
Gesprächsatmosphäre, die Sie und Ihren Gesprächspartner vielleicht über das Thema hinaus zu anderen,
spannenden Gesprächsthemen führt.

C

Miteinander
ins Gespräch
kommen

11 Güzel sözler ve iltifatlar
Nettigkeiten und Komplimente

Bu, *güzel / çok güzel / harika / mükemmel*.	Das ist *schön / wunderschön / großartig / ausgezeichnet*.
Bu, harika bir fikir!	Das ist eine wunderbare Idee!
Hiç değişmemişsin.	Du hast dich überhaupt nicht verändert.
Harika / Çok iyi / Çok fit görünüyorsun.	Du siehst *großartig / sehr gut / topfit* aus.
Her zamanki gibi çok genç görünüyorsun.	Du siehst so jung aus wie eh und je.
Kıyafetin gerçekten çok hoş.	Dein Outfit ist echt toll.
Bu renk sana gerçekten çok yakışıyor.	Diese Farbe steht dir wirklich sehr gut.
Ne kadar güzel bir oda!	Was für ein wunderschönes Zimmer!
Ne kadar güzel bir ev!	Was für eine schöne Wohnung!
Ne kadar harika bir manzara!	Was für eine herrliche Aussicht!
Bu, *çok lezzetli / çok nefis*.	Das ist *köstlich / richtig lecker*.
Bu, enfes bir şarap.	Das ist ein fantastischer Wein.
Yemek harikaydı.	Das Essen war toll.
Uzun zamandır bu kadar nefis bir yemek yememiştim.	Ich habe lange nicht mehr so ein köstliches Essen gegessen.
Bunun tarifini mutlaka *senden / sizden* almalıyım.	*Du musst / Sie müssen* mir das Rezept davon unbedingt geben.

Da *ev* sowohl „Wohnung" als auch „Haus" heißen kann, bedeutet *Ne kadar güzel bir ev!* sowohl „Was für eine schöne Wohnung!" als auch „Was für ein schönes Haus!".

Mehr zum richtigen (Sprach-)Verhalten beim Essen finden Sie in der „Gut zu Wissen"-Box in Abschnitt 19.

Türkçen / Almancan gerçekten çok iyi.	*Dein Türkisch / Dein Deutsch* ist wirklich sehr gut.
Türkçeyi / Almancayı bu kadar iyi konuşmayı, nerede öğrendiniz?	Wo haben Sie gelernt, so gut *Türkisch / Deutsch* zu sprechen?
Keşke senin kadar iyi Türkçe konuşabilsem!	Wenn ich doch nur so gut Türkisch sprechen könnte wie du!
Ne kadar orijinal bir hediye.	Was für ein originelles Geschenk.
Böyle bir şeyim olsun, her zaman istemişimdir.	So etwas habe ich mir schon immer gewünscht.
Buna gerçekten hiç gerek yoktu.	Das wäre wirklich nicht nötig gewesen.
Çok naziksiniz.	Sie sind so freundlich.
Bana çok yardımcı oldunuz.	Sie waren mir eine große Hilfe.
Bana bu kadar çok vakit ayırdığınız için teşekkür ederim.	Danke, dass Sie sich so viel Zeit für mich genommen haben.
Sensiz ne yapardım, bilemiyorum.	Ich weiß nicht, was ich ohne dich gemacht hätte.
Kendimi gerçekten evimde gibi hissettim.	Ich habe mich wirklich wie zu Hause gefühlt.

Für „das wäre wirklich nicht nötig gewesen" wird oft auch *zahmet etmişsin/iz* bzw. *ne gereği vardı?* gesagt.

Gut zu wissen!
Türken lieben es, Komplimente zu machen und übertreiben es dabei auch manchmal gerne. Lassen Sie sich davon nicht stören – das ist einfach die türkische Art, Sympathie zu zeigen und für eine nette Gesprächsatmosphäre zu sorgen. Tun Sie es Ihren türkischen Gesprächspartnern gleich und machen Sie ihnen gegenüber Komplimente, die manchmal auch gerne übertrieben sein können. Falsch können Sie dabei nichts machen – ganz im Gegenteil: Im Idealfall werden Sie Ihren Gesprächspartner schnell für sich gewinnen können.

C

12 Flört etmek
Flirten

Affedersiniz, size bir şey sorabilir miyim?	Entschuldigung, könnte ich Sie etwas fragen?
Yanınıza oturmamın, sizin için bir sakıncası var mı?	Hätten Sie etwas dagegen, wenn ich mich zu Ihnen setze?
Size katılabilir miyim acaba?	Darf ich mich vielleicht zu Ihnen gesellen?
Henüz tanışmıyoruz, öyle değil mi?	Wir kennen uns noch nicht, oder?
Buralara yeni mi geldiniz?	Sind Sie neu hier?
Buralarda yalnız mısınız?	Sind Sie allein hier?
Çok hoş bir gülüşünüz var.	Sie haben ein wunderschönes Lächeln.
Çok güzel gözleriniz var.	Sie haben wunderschöne Augen.
Çok güzelsiniz.	Sie sind sehr hübsch.
Gülüşün çok tatlı.	Dein Lächeln ist sehr süß.
Doğrusu, şimdiye kadar hiç senin kadar güzel biriyle karşılaşmadım.	Ganz ehrlich, ich bin noch nie jemandem begegnet, der so schön ist wie du.
İlgi alanların nelerdir?	Für was interessierst du dich?
Nelerden hoşlanırsın?	Was magst du (gern)?
Hangi çeşit müzikten hoşlanırsın?	Welche Art von Musik magst du (gern)?
Burada nerelere gidilebilir, biliyor musun?	Weißt du, wo man hier (gut) ausgehen kann?
Nereleri tavsiye edersin?	Welche Orte würdest du empfehlen?

Verwenden Sie *çok güzelsiniz* nur als Mann gegenüber einer Frau. Als Frau sagen Sie zu einem Mann *çok yakışıklısınız,* was so viel heißt wie „Sie sehen sehr gut aus". Allerdings nehmen Frauen in der Türkei beim Flirten eher eine passive Rolle ein, sodass der letzte Satz bei der ersten Begegnung als eher unangemessen empfunden werden würde.

Birazdan kalkıyordum.	Ich wollte bald gehen.
Kalkıyor muydunuz?	Sie wollten (schon) gehen?
Size eşlik edebilir miyim?	Darf ich Sie begleiten?
Aynı tarafa gidiyorum.	Ich gehe in dieselbe Richtung.
Seninle / Sizinle tanışmak, gerçekten çok güzeldi.	Es war wirklich schön, *dich / Sie* kennenzulernen.
Seni / Sizi tekrar görmeyi, çok isterim.	Ich würde *dich / Sie* sehr gern wiedersehen.
Seni *bir şeyler içmeye / yemeğe* davet edebilir miyim?	Darf ich dich *auf etwas zum Trinken / zum Essen* einladen?
Yeni filme gitmek ister misin?	Möchtest du in den neuen Film gehen?
Canın ne yapmak istiyor?	Worauf hast du Lust?
Canım sinemaya gitmek istiyor.	Ich habe Lust, ins Kino zu gehen.
Canım yemeğe çıkmak istemiyor.	Ich habe keine Lust, essen zu gehen.
Sana hangi saat uyar?	Welche Uhrzeit würde dir passen?
Seni *evden / işten* alayım mı?	Soll ich dich von *zu Hause / der Arbeit* abholen?

Canım istiyor / istemiyor heißt wortwörtlich „meine Seele / mein Gemüt will / will nicht" und bedeutet im übertragenen Sinne „ich habe Lust / keine Lust".

Gut zu wissen!

Es ist in der Türkei gar nicht schwer, Kontakte zu knüpfen und (zumindest in Großstädten) durchaus üblich, eine fremde Person anzusprechen. Bei einem Flirt zwischen Mann und Frau sollten Sie aber beachten, dass es in der Regel der Mann ist, der den „ersten Schritt" macht. Wenn der erste Kontakt hergestellt ist, gelten für beide Seiten die Regeln des Small Talks: unverfängliche Themen, offene Fragen, Komplimente, usw. Themen, die Sie beim ersten Gespräch besser meiden sollten, sind – nicht viel anders als in anderen Ländern – Politik, Religion und ernste Themen. Ein sympathisches Auftreten und ein Lächeln können darüber hinaus beim Flirten manchmal Wunder bewirken.

D

Sich näher kennenlernen

Meslek hakkında konuşmak
Über den Beruf sprechen

iş = Arbeit
meslek = Beruf

Hangi işle meşgulsunuz?	Als was arbeiten Sie?
Mesleğiniz nedir?	Was ist Ihr Beruf?
Hasta bakıcıyım.	Ich bin Krankenpfleger.
Tasarımcı olarak çalışıyorum.	Ich arbeite als Designer(in).
Bilgisayar sektöründeyim.	Ich bin in der Computerbranche.
Bir sigorta şirketinde çalışıyorum.	Ich arbeite bei einer Versicherungsgesellschaft.
Pazarlama bölümünde / Muhasebe bölümünde çalışıyorum.	Ich arbeite *im Marketing-bereich / im Buchhaltungs-bereich*.
Serbest meslekte çalışıyorum.	Ich bin freiberuflich tätig.
Serbest meslek sahibiyim.	Ich bin selbstständig.
Kendi şirketim var.	Ich habe meine eigene Firma.
… yönetiyorum.	Ich betreue / leite …
… sorumlusuyum.	Ich bin verantwortlich für …
… ile ilgileniyorum.	Ich kümmere mich um …
Tam gün / Yarım gün çalışıyorum.	Ich arbeite *Vollzeit / Teilzeit*.
Part time işim var.	Ich habe eine Teilzeitstelle.
Daha meslek eğitimindeyim.	Ich bin noch in der Ausbildung.
Meslek eğitimi görüyorum.	Ich mache eine Berufsausbildung.
Bir tasarım ofisinde staj yapıyorum.	Ich mache ein Praktikum bei einem Designbüro.

tam gün =
ganztags / Vollzeit
yarım gün =
halbtags / Teilzeit
Oft wird im heutigen
Türkischen auch das
aus dem Englischen
bekannte *full time /
part time* verwendet.

Bir bankada gönüllü staj yapıyorum.	Ich mache ein Volontariat bei einer Bank.
Altı aydır işsizim.	Ich bin seit sechs Monaten arbeitslos.
İş arıyorum.	Ich bin auf Arbeitssuche.
Emekliyim.	Ich bin im Ruhestand.
Ev hanımıyım.	Ich bin Hausfrau.
Evdeyim, çocuklarıma bakıyorum.	Ich bin zu Hause und kümmere mich um meine Kinder.
İşinizi seviyor musunuz?	Mögen Sie Ihre Arbeit?
Evet, işimi seviyorum.	Ja, ich mag meine Arbeit.
İşim *oldukça / çok* yorucu.	Es ist *ziemlich / sehr* anstrengend.
Çok fazla mesai yapıyorum.	Ich mache sehr viele Überstunden.
Fazla mesai yapıyoruz, ama az para kazanıyoruz.	Wir arbeiten zu viel, aber verdienen zu wenig Geld.
Maaş daha iyi olabilirdi.	Die Bezahlung könnte besser sein.
Sürekli değişiklik yapıyorlar.	Ständig sind sie am Umstrukturieren.
İşlerin bu devirde nasıl olduğunu, siz de biliyorsunuz.	Sie wissen ja, wie es heutzutage ist.
İşimizin olduğuna, şükretmemiz gerekiyor.	Wir müssen dankbar sein, dass wir überhaupt eine Arbeit haben.

Gut zu wissen!
In der Türkei ist es durchaus üblich, nach dem Gehalt des Gesprächspartners zu fragen. Erschrecken Sie also nicht, wenn es heißt: *Maaşınız ne kadar? / Ne kadar maaş alıyorsunuz?* (Wie hoch ist Ihr Gehalt? / Wie viel Gehalt bekommen Sie?) – Wollen Sie hierauf nicht konkret antworten, können Sie die Situation souverän mit folgendem Satz und einem kleinen Lächeln umgehen: *Doyurmuyorsa da, aç bırakmıyor.* (im übertragenen Sinne: „Nicht viel, aber auch nicht wenig.")

D

Sich näher kennenlernen

14 Aile ve biyografi
Familie und Werdegang

Almanya'nın doğusunda doğdum ve orada büyüdüm.	Ich bin im Osten Deutschlands geboren und dort aufgewachsen.
Dresden'de okula gittim.	Ich bin in Dresden zur Schule gegangen.
Ailemle Münih'e taşındık.	Ich bin mit meiner Familie nach München gezogen.
On sekiz yaşında okulu bitirdim.	Mit 18 Jahren habe ich die Schule beendet.
Onuncu sınıftan sonra okulu bıraktım.	Ich bin nach der 10. Klasse (ohne Abschluss) abge- gangen.
Askerlik görevimi *yaptım / yapmadım.*	Ich habe meinen Wehrdienst *abgeleistet / nicht abgeleistet.*
Meslek eğitiminden sonra, iki sene Nürnberg'de çalıştım.	Nach meiner Berufsaus- bildung habe ich zwei Jahre in Nürnberg gearbeitet.
Mali müşavirlik diplomam var.	Ich habe einen Abschluss als Finanzberater.
İş yerimi değiştirdim.	Ich habe meine Stelle gewechselt.
Ben dört yaşındayken annemler *ayrılmış / boşanmış.*	Meine Eltern *haben sich getrennt / ließen sich scheiden,* als ich vier war.
Annem daha sonra tekrar evlenmiş.	Meine Mutter hat später wieder geheiratet.
Ablam, Avusturya'da yaşıyor.	Meine ältere Schwester lebt in Österreich.

Der Wehrdienst ist ein wichtiges und zugleich heikles Thema in der Türkei. Falls Sie keinen Wehrdienst geleistet haben, sollten Sie das Thema eher nicht ansprechen, um Fragen und Diskus- sionen zu vermeiden.

ebeveyn =
Eltern (allgemein)
annemler =
meine Eltern
anne = Mutter
baba = Vater

O, aslında üvey ablam. Babam önceden bir evlilik daha yapmış.	Sie ist eigentlich meine Halbschwester. Mein Vater war schon einmal verheiratet.
Kardeşim yok.	Ich habe keine Geschwister.
(İlk bakışta) Aşık olduk.	Wir haben uns (auf den ersten Blick) verliebt.
Altı senedir / 2012 yılından beri birlikteyiz.	Wir sind *seit sechs Jahren / seit (dem Jahre) 2012* zusammen.
Evliyiz.	Wir sind verheiratet.
Evli değiliz.	Wir sind nicht verheiratet.
Evlenmek istemedik.	Wir wollten nicht heiraten.
Heike'den ayrıldım.	Ich habe mich von Heike getrennt.
Ayrıldık.	Wir haben uns getrennt.
Olmadı.	Es hat nicht funktioniert.
Duygusal bağımız kalmamıştı.	Wir hatten uns auseinandergelebt.
Eski eşimle hala iyi anlaşıyoruz.	Meine Ex-Frau und ich verstehen uns immer noch gut.
Çocuğum yok.	Ich habe keine Kinder.
(Önceki evliliğimden) *Bir kızım / Bir oğlum* var.	Ich habe *eine Tochter / einen Sohn* (aus meiner früheren Ehe).
O, annesiyle yaşıyor.	Er / Sie lebt bei seiner / ihrer Mutter.

kardeş(ler) =
Geschwister
abla =
(ältere) Schwester
kız kardeş =
(jüngere) Schwester
ağabey =
(älterer) Bruder
erkek kardeş =
(jüngerer) Bruder

Gut zu wissen!
Das Schulsystem in der Türkei ist in Grundschule (*ilk okul*), Mittelschule (*orta okul*) und Gymnasium (*lise*) unterteilt. An der Universität (*üniversite*) kann man einen Abschluss zum Bachelor (*lisans*), Master (*yükses lisans*) und Doktor (*doktora*) machen. Nichtsdestotrotz können deutsche und türkische Schulformen und Universitätsabschlüsse nicht ganz gleichgesetzt werden – ein idealer Einstieg für ein interessantes Gespräch!

15 Günlük hayat ve rutinler
Alltag und Routinen

... var = es gibt ...;
haben, besitzen
... yok = es gibt
kein(e) ...; nicht
haben, nicht besitzen

Her şey yolunda gidiyor.	Alles läuft gut.
Her zaman yapılacak bir şeyler var.	Es gibt immer etwas zu tun.
Her zaman işim var.	Ich habe immer etwas zu tun.
Her zaman oldukça meşgulum.	Ich bin immer ziemlich beschäftigt.
Oldukça çok stresim var.	Ich habe ziemlich viel Stress.
Sabahları erken kalkarım, akşamları geç yatarım.	Morgens stehe ich früh auf, abends gehe ich spät ins Bett.
Sabahları oldukça telaşlı geçer.	Morgens geht es immer ziemlich hektisch zu.
Güne yavaş başlarım.	Ich lasse den Tag (gern) langsam angehen.
İş yerim, evime oldukça uzak.	Ich habe einen langen Weg zur Arbeit.
İşe gitmem bir buçuk saatimi alıyor.	Ich brauche anderthalb Stunden zur Arbeit.
Trafiğe yakalanmamak için evden erken çıkarım.	Ich fahre früh von zu Hause los, um nicht im Verkehr stecken zu bleiben.
Otobüs çoğu zaman dolu oluyor.	Der Bus ist meist voll.
Tren çoğu zaman gecikmeli geliyor.	Der Zug kommt meist verspätet.
Çocukları her gün kreşe götürürüm.	Ich bringe die Kinder jeden Tag in den Kindergarten.
Öğle yemeğini genellikle *katinde/ ofiste* yerim.	Ich esse gewöhnlich *in der Kantine / im Büro* zu Mittag.

Öğlenleri ofisten çıkmaya çalışıyorum, ama her zaman olmuyor.	Mittags versuche ich aus dem Büro rauszukommen, aber es klappt nicht immer.
Çoğu zaman eve geç gelirim.	Oft komme ich spät nach Hause.
Çocukları yatırdıktan sonra / Yemek yedikten sonra …	*Nachdem wir die Kinder ins Bett gebracht haben / Nachdem wir gegessen haben …*
… çoğu zaman televizyonun karşısına otururuz.	… hocken wir uns oft noch vor den Fernseher.
… bazen bir film izleriz.	… sehen wir uns manchmal einen Film an.
Hafta içi fazla dışarıya çıkmam.	In der Woche gehe ich nicht oft aus.
Haftada bir, *fitnese / yogaya* giderim.	Ich gehe einmal die Woche *ins Fitnesstraining / zum Yoga.*
Geçen sene bir koşu grubuna katıldım.	Ich bin letztes Jahr einer Laufgruppe beigetreten.
Cumartesi günleri alışveriş, ev işi ve benzeri işlerim oluyor.	Samstags habe ich den Einkauf, den Haushalt und ähnliche Arbeiten zu erledigen.
Kendime çok vakit ayıramıyorum.	Ich habe nicht viel Zeit für mich.

„Montags", „dienstags" usw. können Sie durch das nachgestellte *günleri* ausdrücken: *pazartesi günleri, salı günleri* usw.

Gut zu wissen!
Gewohnheiten und wiederkehrende Handlungen werden im Türkischen mit dem sogenannten „Aorist" ausgedrückt. Dieser wird durch Anhängen der Aorist-Endung an den Verbstamm wie folgt gebildet:
· Bei Verbstämmen, die auf einen Vokal enden, folgt -r: z. B. *de-mek* (sagen) → *der*
· Bei einsilbigen Verbstämmen, die auf einen Konsonanten enden, folgt -er/-ar: z. B. *sev-mek* (lieben) → *sever*; *yap-mak* (machen) → *yapar*
· Bei mehrsilbigen Verbstämmen, die auf einen Konsonanten enden, folgt -ir,-ır, -ür, -ur: z. B. *öğren-mek* (lernen) → *öğrenir*; *konuş-mak* (sprechen) → *konuşur*

16 Birini tarif etmek
Jemanden beschreiben

O, nasıl biri?	Wie ist er / sie denn so?
Onun görünüşü nasıl?	Wie sieht er / sie aus?
O, *uzun boylu / kısa boylu / orta boylu* (biri).	Er ist *groß / klein / mittelgroß.*
O, *zayıf / iri yarı* (biri).	Er ist *schlank / kräftig (gebaut).*
O, biraz kilolu (biri).	Sie ist etwas üppig.
O, *çekici / hoş / güzel* (biri).	Sie ist *attraktiv / hübsch / schön.*
O, *çekici / yakışıklı* (biri).	Er ist *attraktiv / gut aussehend.*
O, *yirmili yaşlarda / yirmi yaşların ortalarında.*	Er *ist in den Zwanzigern / ist Mitte zwanzig.*
O, otuz yaşından fazla.	Sie ist über dreißig.
O, orta yaşlarda.	Er ist mittleren Alters.
Onun biraz yaşı var.	Sie ist schon etwas älter.
O, çok da genç değil.	Er ist auch nicht der Jüngste.
Onun, *mavi / yeşil / kahverengi* gözleri var.	Er hat *blaue / grüne / braune* Augen.
Onun, *siyah / kahverengi / kır / beyaz* saçları var.	Er hat *schwarze / braune / graue / weiße* Haare.
O, *sarışın / esmer.*	Sie *ist blond / ist brünett.*
Onun, *uzun / kısa / omuzlarına kadar dökülen / düz / dalgalı / kıvırcık* saçları var.	Sie hat *lange / kurze / mittellange / gerade / wellige / lockige* Haare.
Onun, *bıyığı / sakalı* var.	Er hat *einen Schnurrbart / einen Bart.*
O, her zaman *hoş / güzel / şık* giyinir.	Sie zieht sich immer *hübsch / gut / schick* an.

Verwenden Sie *güzel* nur für die Beschreibung von Frauen, *yakışıklı* nur für die Beschreibung von Männern.

Im Türkischen gibt es bei den Augenfarben noch eine weitere Abstufung, nämlich *ela,* welche einen hellen Braunton beschreibt.

O, her zaman çok formda.	Sie ist immer in Topform.
O, biraz bakımsız (biri).	Er ist ein wenig ungepflegt.
Görünüşü onun için (çok) önemli değil.	Sein Aussehen ist ihm nicht (sehr) wichtig.
Onlar, her zaman oldukça rahat giyinirler.	Sie ziehen sich immer ziemlich leger an.
O, *çok nazik / çok sempatik* (biri).	Er *ist sehr nett / ist sehr sympathisch*.
O, *çok şirin / çok sevimli* (biri).	Sie *ist sehr nett / ist sehr sympathisch*.
O, çok girişken (biri).	Er ist sehr kontaktfreudig.
O, herkesi tanıyor.	Sie kennt Gott und die Welt.
O, *biraz çekingen / daha çok kendi halinde* (biri).	Er *ist etwas schüchtern / ist eher ein Einzelgänger*.

Nazik und *sempatik* können sowohl auf Männer als auch auf Frauen bezogen sein; *şirin* und *sevimli* werden eher in Bezug auf Frauen verwendet.

Gut zu wissen!
Bei Personenbeschreibungen lauern Fettnäpfchen, die Sie unbedingt vermeiden sollten: *Balıketinde* (wohlproportioniert, vollschlank) wird nur in Bezug auf Frauen verwendet und hat eine durchaus positive Bedeutung. *İri yarı* (kräftig gebaut) kann sowohl auf Frauen als auch auf Männer bezogen werden, enthält bei der Beschreibung von Frauen aber eine tendenziell negative Bedeutung. *Kilolu* (üppig, übergewichtig) können Sie mit *biraz* (ein bisschen, ein wenig, etwas) abschwächen und weniger direkt erscheinen lassen. *Şişman* (dick, fett) sollten Sie besser vermeiden.

E

Einladungen
und
Verabredungen

Davetler
Einladungen

Bu akşam vaktiniz var mı?	Haben Sie heute Abend Zeit?
Yarın için programın var mı?	Hast du morgen (schon) etwas vor?
Hafta sonu için programın var mı?	Hast du am Wochenende (schon) etwas vor?
Önümüzdeki hafta İstanbul'dayım, buluşabilir miyiz diye soracaktım.	Ich bin nächste Woche in Istanbul und wollte fragen, ob wir uns treffen könnten.
Birlikte yemeğe çıkabiliriz. Ne dersin?	Wir könnten gemeinsam essen gehen. Was meinst du?
Bir şeyler içmeye gitmek ister misiniz?	Möchten Sie etwas trinken gehen?
Bir parti vereceğiz.	Wir werden eine Party geben.
Mangal yapmak istiyoruz.	Wir wollen grillen.
Sen de gelmek ister misin?	Willst du auch (mit)kommen?
Ne davetidir bu?	Gibt es einen Anlass?
Özel bir davet değil.	Es gibt keinen besonderen Anlass.
Doğum günüm var.	Ich habe Geburtstag.
Gelebilirseniz çok seviniriz.	Wir würden uns sehr freuen, wenn Sie kommen könnten.
Ne zaman istersen uğrayabilirsin.	Du kannst vorbeischauen, wann du willst.
Bu, ne kadar güzel bir fikir.	Was für eine nette Idee.
Bu, *çok güzel / harika / süper* olur.	Das wäre *sehr schön / toll / super*.

birlikte yemeğe çıkmak = gemeinsam essen gehen
birlikte yemek yemek = gemeinsam essen

Çok naziksiniz.	Das ist sehr freundlich von Ihnen.
Memnuniyetle. / Seve seve.	(Sehr) Gerne.
Teşekkür ederim, ama …	Vielen Dank, aber …
Sanırım, o gün başka bir programımız var.	Ich glaube, wir haben an diesem Tag schon etwas anderes vor.
Eşime bir sormam lazım.	Ich muss mal meine Frau fragen.
Ajandama bir bakmam lazım.	Ich muss mal in meinem Kalender nachsehen.
Maalesef …	Leider …
Maalesef vaktim yok.	Ich habe leider keine Zeit.
Maalesef başka bir randevum var.	Ich habe leider eine(n) andere(n) Verabredung / Termin.
O tarihlerde tatilde olacağız.	Wir werden an diesem Datum im Urlaub sein.
Ne yazık.	(Wie) Schade.
Onun yerine pazar günü görüşsek, nasıl olur?	Wie wäre es, wenn wir uns stattdessen am Sonntag treffen würden?
Başka bir zaman inşallah.	Ein anderes Mal vielleicht.
Peki.	In Ordnung. / Na schön.

Das auf das französische Wort *rendez-vous* zurückgehende *randevu* bezieht sich im Türkischen nicht nur auf Verabredungen zwischen Mann und Frau, sondern kann auch freundschaftliche, geschäftliche und andere Verabredungen bzw. Termine meinen.

> **Gut zu wissen!**
> Türken sind allgemein für ihre Gastfreundschaft bekannt und laden – auch neue Bekanntschaften – gerne zu sich nach Hause ein. Nehmen Sie eine solche Einladung ruhig an und lernen Sie auf diese Weise „die türkische Welt von innen" kennen. Vergessen Sie dabei aber nicht, ein kleines Mitbringsel mitzunehmen – üblicherweise werden Süßspeisen wie *Baklava* oder *Lokum* erwartet, denn wie das türkische Sprichwort *Tatlı yiyelim, tatlı konuşalım.* besagt, sollte man gemeinsam Süßes essen, damit die Unterhaltung erst so richtig „süß" (im Sinne von „nett") wird.

E

**Einladungen
und
Verabredungen**

18 Ne zaman ve nerede?
Wann und wo?

Size en iyi ne zaman uyar?	Wann würde es Ihnen am besten passen?
Sizin için ne zaman uygun olur?	Welche Zeit wäre für Sie passend?
Hangi gün?	An welchem Tag?
Saat kaçta?	Zu welcher Uhrzeit?
Saat sekiz olur mu?	Ginge es um acht Uhr?
Sabah sekiz mi, akşam sekiz mi?	Acht Uhr morgens oder acht Uhr abends?
(Öğleden sonra) Saat üçte.	Um drei Uhr (nachmittags).
Saat yedi buçukta.	Um halb acht.
Saat sekize çeyrek kala.	Um Viertel vor acht.
Saat sekizi çeyrek geçe.	Um Viertel nach acht.
Saat sekize doğru.	(So) Gegen acht Uhr.
Saat sekiz sularında.	So um acht Uhr herum.
Ne dersin?	Was hältst du davon?
Size en iyi hangisi uyar?	Was würde Ihnen am besten passen?
Benim için fark etmez.	Mir ist es gleich / egal.
Benim için *zaman / gün / tarih* fark etmez.	Mir ist *die Zeit / der Tag / das Datum* egal.
Sen nasıl istersen.	Wie du willst.
Siz *seçin / karar verin.*	*Wählen / Entscheiden* Sie.
Size uyarım.	Ich richte mich nach Ihnen.
Özür dilerim, yetişemem herhalde.	Tut mir leid, das schaffe ich wahrscheinlich nicht.

Halbe Stunden werden mit dem der Zahl nachgestellten *buçuk* (halb) angegeben. *Buçuk* bedeutet jedoch „30 Minuten **nach**", nicht wie im Deutschen „30 Minuten **vor**". Statt „halb acht" heißt es also „sieben halb": *yedi buçuk.*

Zaman beni biraz zorlayacak.	Das wird ein bisschen knapp für mich.
On beş dakika *erken / geç* olur mu?	Ginge es fünfzehn Minuten *früher / später*?
Saat yedi yerine, yediyi çeyrek geçe buluşsak, olur mu?	Ginge es, wenn wir uns statt um sieben Uhr um viertel nach sieben treffen würden?
Nerede buluşalım?	Wo sollen wir uns treffen?
Sizi almaya geleyim mi?	Soll ich Sie abholen kommen?
Peki, o halde pazar günü saat sekizi çeyrek geçe, garın önünde buluşuyoruz.	Gut, dann treffen wir uns also am Sonntag um Viertel nach acht vor dem Bahnhof.
Herhangi bir sorun olursa, …	Wenn es irgendwelche Probleme gibt …
… beni arayın.	… rufen Sie mich (einfach) an.
… bana bir mesaj gönder.	… schick mir eine SMS.
Her ihtimale karşı bana numaranızı verir misiniz?	Geben Sie mir für alle Fälle Ihre Nummer?
Tamam.	In Ordnung.
Bu, kulağa çok hoş geliyor.	Das klingt sehr gut.
Seve seve gelirim.	Ich komme (sehr) gerne.

Der Plural im Türkischen wird stets durch Anhängen des Pluralsuffixes *-ler/-lar* gebildet: *saniye* (Sekunde) → *saniyeler* (Sekunden) *dakika* (Minute) → *dakikalar* (Minuten). Beachten Sie aber, dass das Grundwort immer im Singular steht, wenn ein Zahlwort vorausgeht: *otuz saniye* (30 Sekunden); *on beş dakika* (15 Minuten).

Gut zu wissen!
Für die Angabe der Uhrzeiten gibt es – wie im Deutschen – die formelle und informelle Zeitangabe. Viel häufiger als die formelle Zeitangabe (19:30 Uhr) wird im Alltag die informelle Zeitangabe (halb acht) verwendet. Die wichtigsten Aspekte zur informellen Zeitangabe lassen sich wie folgt zusammenfassen:
• um fünf vor acht (Uhr) = *saat sekize beş kala*
• um Viertel vor acht (Uhr) = *saat sekize çeyrek kala*
• um acht Uhr = *saat sekizde*
• um Viertel nach acht (Uhr) = *saat sekizi çeyrek geçe*
• um zwanzig nach acht (Uhr) = *saat sekizi yirmi geçe*
• um halb neun (Uhr) = *saat sekiz(-) buçukta*
(siehe auch S.40)

E

Einladungen und Verabredungen

Merhaba, sizi görmek ne güzel!	Hallo, wie schön, Sie zu sehen!
Buyurun, içeriye gelin.	Bitte, kommen Sie doch herein.
Evi bulmakta zorlanmamışsınızdır, umarım.	Ich hoffe, Sie hatten keine Probleme, die Wohnung / das Haus zu finden.
Biraz geciktiğimiz için özür dilerim.	Entschuldigung, dass wir uns ein bisschen verspätet haben.
Metroda bir sorun oldu.	Es gab ein Problem mit der U-Bahn.
Yirmi dakika *otobüsü / treni* beklemek zorunda kaldık.	Wir mussten zwanzig Minuten *auf den Bus / auf den Zug* warten.
Mantonuzu alabilir miyim?	Darf ich Ihnen den Mantel abnehmen?
Eşyalarını sandalyenin üzerine bırakabilirsin.	Du kannst deine Sachen (einfach) auf den Stuhl legen.
Elinizi yıkamak isterseniz, *banyo / lavoba* …	Falls Sie sich (kurz) frisch machen wollen, *das Bad / die Toilette* ist …
… şurada *solda / sağda*.	… hier *links / rechts*.
… merdiveni çıktıktan sonra, *solda / sağda*.	… die Treppe hoch und dann *links / rechts*.
Pardon, lavoba nerede (acaba)?	Entschuldigung, wo ist (denn) die Toilette?

manto = (Damen-)Mantel
palto = (Herren-)Mantel

Für „Toilette" gibt es verschiedene Entsprechungen: *lavoba* (gehoben), *tuvalet* (allgemeinsprachlich), *hela* (v. a. in dörflichen Regionen), *yüz numara* (Jugendsprache).

Size küçük bir hediye getirdik.	Wir haben Ihnen ein kleines Geschenk mitgebracht.
Tatlı / Şarap getirdik.	Wir haben *etwas Süßes / Wein* mitgebracht.
Çok teşekkür ederim, zahmet etmişsiniz.	Danke sehr, das wäre doch nicht nötig gewesen.
Beni takip edin lütfen.	Folgen Sie mir bitte.
Buyurun, oturun.	Bitte, nehmen Sie doch Platz.
Nereye istersen, oturabilirsin.	Du kannst dich hinsetzen, wohin du willst.
Kendinizi evinizde gibi hissedin.	Fühlen Sie sich wie zu Hause.
Ne içmek istersin?	Was möchtest du trinken?
Size, içecek bir şeyler *ikram edebilir miyim / getirebilir miyim*?	Kann ich Ihnen etwas zu trinken *anbieten / holen*?
Kırmızı şarap ister misiniz?	Möchten Sie einen Rotwein?
Yok, teşekkür ederim, araba kullanacağım.	Nein danke, ich muss noch fahren.
Alkolsüz bir şey alabilir miyim lütfen?	Könnte ich bitte etwas ohne Alkohol haben?
Kendine içecek bir şeyler al, istersen.	Hol dir doch etwas zu trinken, wenn du möchtest.
Kendinize yiyecek ve içecek bir şeyler alın, isterseniz.	Nehmen Sie sich doch etwas zu essen und zu trinken, wenn Sie möchten.

Anstelle von *Ne içmek istersin?* wird im Alltag oftmals nur *Ne içersin?* (Was trinkst du?) gesagt, was zwar etwas salopper, aber trotzdem noch höflich ist.

Gut zu wissen!

Ist man zu einem Essen eingeladen, bei dem der Gastgeber selbst gekocht hat, sollte man als Gast **nach** dem Essen unbedingt *Ellerine / Ellerinize sağlık!* sagen, was wörtlich „Gesundheit deinen / Ihren Händen!" heißt und als Dank für das Essen aufgefasst werden kann. Als Reaktion vom Gastgeber hören Sie normalerweise *Afiyet olsun!*, was „Guten Appetit!" heißt und nicht nur **vor** dem Essen (sowohl vom Gastgeber als auch vom Gast), sondern eben auch **nach** dem Essen (dann aber **nur** vom Gastgeber!) gesagt wird.

E

Einladungen
und
Verabredungen

20 Uygun veda
Der passende Abschied

Aman Tanrım, çok geç olmuş!	Ach du lieber Gott, es ist schon so spät!
Zamanı tamamen unutmuşum.	Ich habe die Zeit völlig vergessen.
Bu kadar geç olamaz!	Es kann doch nicht schon so spät sein!
Müsaadenizle.	Entschuldigen Sie mich bitte.
Hoşça kal deme vakti geldi.	Es ist Zeit, sich zu verabschieden.
Yola çıkma vakti geldi.	Es ist Zeit, sich auf den Weg zu machen.
Artık gerçekten gitmem gerekiyor.	Ich muss jetzt wirklich gehen.
Gitmem gerekiyor, çünkü ...	Ich muss gehen, weil ...
Yarın sabah erkenden evden çıkmam gerekiyor.	Morgen früh muss ich zeitig aus dem Haus.
Yolumuz oldukça uzak.	Wir haben einen ziemlich weiten Weg.
Thomas kendini iyi hissetmiyor.	Thomas fühlt sich nicht gut.
Daniela'nın biraz başı ağrıyor.	Daniela hat etwas Kopfschmerzen.
Ne yazık.	(Wie) Schade.
Gerçekten mi gitmeniz gerekiyor?	Müssen Sie wirklich schon gehen?
Biraz daha oturun.	Bleiben Sie doch noch ein wenig.

Die Fragepartikel *mı / mi / mu / mü* (vgl. Abschnitt 7) können Sie im Satz beliebig hinter jedes Wort stellen: *Gerçekten mi gitmeniz gerekiyor?* (Betonung auf „wirklich"); *Gerçekten **gitmeniz mi** gerekiyor?* (Betonung auf „gehen"); *Gerçekten gitmeniz **gerekiyor mu**?* (Betonung auf „müssen")

Birer kadeh daha içelim mi?	Wollen wir noch ein Gläschen trinken?	*kadeh* = Glas (für Wein und andere Spirituosen)
Sizi son bir içeceğe ikna edebilir miyim?	Kann ich Sie noch zu einem letzten Getränk überreden?	*bardak* = Glas (für alle weiteren Getränke)
Şunu da içelim, öyle ayrılalım.	Lassen Sie uns das noch trinken und uns dann verabschieden.	
Böyle bir teklif reddedilmez, öyle değil mi?	Ein solches Angebot kann man nicht (ernsthaft) ablehnen, oder?	
Teşekkür ederim, yeterince içtim.	Danke, ich habe schon genug getrunken.	
Harika bir akşamdı, teşekkür ederim!	Es war ein toller Abend, danke!	
Çok eğlendik.	Wir haben uns sehr amüsiert.	
Yemek *harikaydı / çok lezzetliydi*.	Das Essen *war fantastisch / war ganz köstlich*.	
Bunun tarifini mutlaka sizden almalıyım.	Sie müssen mir das Rezept davon unbedingt geben.	
Gelmen çok iyi oldu.	Es war sehr schön, dass du gekommen bist.	
Gelebildiğinize çok sevindim.	Ich habe mich sehr gefreut, dass Sie kommen konnten.	
Bunu tekrarlamalıyız.	Das müssen wir wiederholen.	
Gelecek sefer bizde görüşelim, olur mu?	Das nächste Mal treffen wir uns bei uns, o. k.?	
Gelecek sefer bize de bekleriz.	Das nächste Mal erwarten wir dich / Sie bei uns.	

> **Gut zu wissen!**
> Wie in Abschnitt 4 bereits erläutert wurde, ist das Abschiednehmen ein spielerisches Ritual, das man nicht allzu abrupt beenden sollte. Vergessen Sie nicht, sich beim Gastgeber mehrmals zu bedanken und laden Sie doch zu einem „Gegenbesuch" ein – eine tolle Möglichkeit, um weiterhin in Kontakt zu bleiben!

21 İyi haberler ve kutlamalar
Gute Nachrichten und Glückwünsche

İyi bir haberim var.	Ich habe eine gute Nachricht.
İyi haberlerim var.	Ich habe gute Nachrichten.
Sana bir şey anlatmam gerekiyor.	Ich muss dir was erzählen.
Ne / Neler olduğunu, duydun mu?	Hast du schon gehört, *was / was alles* passiert ist?
Biraz evvel *süper / harika* bir şey oldu.	Etwas *Tolles / Fantastisches* ist gerade eben passiert.
Sınavı geçtim.	Ich habe die Prüfung bestanden.
Maaşıma zam geldi.	Ich habe eine Gehaltserhöhung bekommen.
Terfi edildim.	Ich bin befördert worden.
Biriyle tanıştım.	Ich habe jemanden kennengelernt.
Hüseyin ve ben, nişanlandık.	Hüseyin und ich haben uns verlobt.
Evleneceğiz.	Wir werden heiraten.
Çocuğumuz olacak.	Wir erwarten ein Kind.
Ne kadar *mutlu olduğumu / memnun olduğumu / rahatladığımı,* anlatamam sana.	Ich kann dir gar nicht sagen, wie *glücklich ich bin / froh ich bin / erleichtert ich bin.*
Sonunda, hayalim gerçek oldu.	Mein Traum ist endlich wahr geworden.
Bu, harika bir haber!	Das ist eine tolle Nachricht!
Bunlar, *şahane / çok iyi / harika* haberler!	Das sind (ja) *großartige / wunderbare / fantastische* Nachrichten!

In der Türkei gibt es in Sachen Beziehung drei wichtige Ereignisse: *söz* = Versprechen (*Sözleniyoruz.* = Wir versprechen uns einander.) *nişan* = Verlobung (*Nişanlanıyoruz.* = Wir verloben uns.) *düğün* = Hochzeit (*Evleniyoruz.* = Wir heiraten.)

Tebrik ederim! / Tebrikler!	(Herzlichen) Glückwunsch!
Canı gönülden tebrik ederim!	Ganz herzliche Glückwünsche!
Bunun, senin için ne kadar önemli olduğunu biliyorum.	Ich weiß, wie viel dir das bedeutet.
(Senin adına) Çok sevindim.	Ich freue mich so (für dich).
Bol şanslar!	Viel Glück!
Başarılar dilerim!	Ich wünsche (dir / Ihnen) viel Erfolg!
Doğum günüm var.	Ich habe Geburtstag.
Bugün evlilik yıldönümümüz.	Heute ist unser Hochzeitstag.
Doğum günün(üz) kutlu olsun!	Herzlichen Glückwunsch zum Geburtstag!
Yıldönümün(üz) / Evlilik yıldönümün(üz) kutlu olsun!	Herzlichen Glückwunsch zum *Jahrestag / Hochzeitstag!*
Mutlu paskalyalar! / Paskalya Bayramın(ız) kutlu olsun!	Frohe Ostern!
Mutlu noeller! / Noel Bayramın(ız) kutlu olsun!	Frohe Weihnachten!
Mutlu yıllar! / Yeni yılın(ız) kutlu olsun! / İyi seneler!	Ein gutes neues Jahr!
Ramazan Bayramın(ız) kutlu olsun!	Herzlichen Glückwunsch zum Ramadanfest!
Kurban Bayramın(ız) kutlu olsun!	Herzlichen Glückwunsch zum Opferfest!
Cumhuriyet Bayramın(ız) kutlu olsun!	Herzlichen Glückwunsch zum Fest der Republiksgründung!

Doğum günün kutlu olsun! = Herzlichen Glückwunsch zu **deinem** Geburtstag! *Doğum günün**üz** kutlu olsun!* = Herzlichen Glückwunsch zu **Ihrem** Geburtstag!

Gut zu wissen!
Das Ramadanfest findet am Ende des Fastenmonats statt und ist im Hinblick auf das Datum – genauso wie das Opferfest – beweglich. Das Fest zur Republiksgründung findet immer zum 29. Oktober statt.

F

Gute
und schlechte
Nachrichten

Schlechte Nachrichten

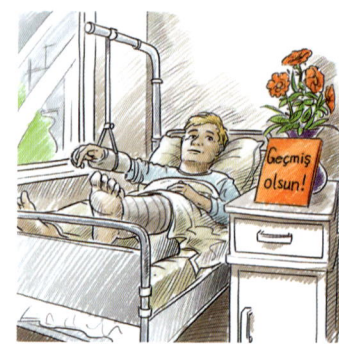

Maalesef üzücü bir haberim var.	Ich habe leider eine traurige Nachricht.
Maalesef kötü haberlerim var.	Ich habe leider schlechte Nachrichten.
Korkunç / Çok kötü bir şey oldu.	Etwas *Schreckliches / sehr Schlimmes* ist passiert.
En kötü şey gerçekleşti.	Das Allerschlimmste ist eingetreten.
Nasıl söyleyeceğimi bilemiyorum, ama …	Ich weiß nicht, wie ich es sagen soll, aber …
Biraz sonra söyleyeceğim şey …	Das, was ich gleich sagen werde,…
… seni hayal kırıklığına uğratacak.	… wird dich enttäuschen.
… sizi sinirlendirecek.	… wird euch verärgern.
… sizi şok edecek.	… wird Sie schockieren.
Merve işini kaybetmiş.	Merve hat ihren Job verloren.
İşten çıkarıldım.	Ich bin entlassen worden.
Ayşe kaza geçirmiş ve hastaneye kaldırılmış.	Ayşe hatte einen Unfall und wurde ins Krankenhaus gebracht.
Fatma kalp krizi geçirmiş.	Fatma hatte einen Herzinfarkt.
Ahmet kanser olmuş.	Ahmet hat Krebs.
Mehmet ölmüş.	Mehmet ist tot.
Üzülme.	Sei nicht traurig.
Dünyanın sonu değil ya.	Davon geht die Welt nicht unter.

beni = mich
seni = dich
onu = ihn / sie
bizi = uns
sizi = euch / Sie
onları = sie

-di-Vergangenheit: Vergangenes Ereignis, das der Sprecher selbst erlebt hat.
-miş-Vergangenheit: Vergangenes Ereignis, das der Sprecher **nicht** selbst erlebt hat, sondern über das er nur vom Hörensagen weiß.

Başına daha kötüsü gelebilirdi.	Es hätte schlimmer kommen können.
Pes etme.	Lass dich (davon) nicht unterkriegen.
Geçmiş olsun!	Gute Besserung!
Ayşe'ye benden geçmiş olsun dileklerimi ilet lütfen.	Bestell Ayşe von mir bitte die besten Wünsche für eine schnelle Genesung.
Aman Tanrım! / Aman Allahım!	(Oh) nein! / Oh je! / Ach, du lieber Gott!
Bu, *çok kötü / korkunç*.	Das ist (ja) *schrecklich / fürchterlich*.
(*Senin adına / Sizin adınıza*) Çok üzüldüm.	Es tut mir so leid (*für dich / für Sie*).
Bu senin için çok zor olmalı.	Das muss für dich sehr schwer sein.
Bu, sizin için çok zor bir dönem olmalı.	Das muss für Sie eine sehr schwere Zeit sein.
(*Senin / Sizin* için) Yapabileceğim herhangi bir şey var mı?	Gibt es irgendetwas, was ich (für *dich / Sie*) tun kann?
(*Sana / Size*) Herhangi bir şekilde yardımcı olabilir miyim?	Kann ich (*dir / Ihnen*) irgendwie helfen?
Başın(ız) sağ olsun.	Mein (herzliches) Beileid.
Baş sağlığı diliyorum.	Ich möchte mein (herzliches) Beileid ausdrücken.
Bu zor zamanında kalbim seninle.	Ich denke an dich in dieser schwierigen Zeit.

bana = mir
sana = dir
ona = ihm / ihr
bize = uns
size = euch / Ihnen
onlara = ihnen

Gut zu wissen!
Geçmiş olsun! heißt nicht nur „Gute Besserung!", sondern wird auch verwendet, wenn etwas Schlimmes passiert ist, z. B. ein Unfall, und ein Beteiligter nachträglich davon berichtet. Außerdem wird *Geçmiş olsun!* auch nach „getaner Arbeit" verwendet, so z. B. nach Ablegen einer Prüfung.

F

---

23 Komik öyküler ve fıkralar
Lustige Anekdoten und Witze

Sana İzmir'de başıma gelenleri anlatmış mıydım?	Habe ich dir (schon) erzählt, was mir in Izmir passiert ist?
Başıma çok tuhaf bir olay geldi.	Mir ist etwas ganz Verrücktes passiert.
Olanlara inanmayacaksın.	Du wirst nicht glauben, was passiert ist.
Ama gerçek olduğuna yemin ederim.	Aber ich schwöre, es ist wahr.
Başlangıçta / İlk olarak...	*Am Anfang / Zuerst ...*
Sonra ...	Dann ...
Ondan sonra ...	Danach ...
Her ne olursa olsun ...	Jedenfalls ...
Sonunda / Son olarak ...	*Schließlich / Zuletzt ...*
Buna inanamadım.	Ich konnte das (einfach) nicht glauben.
İnanılmaz bir tesadüftü.	Es war ein unglaublicher Zufall.
O kadar şaşırdım ki.	Ich war so überrascht.
Ne diyeceğimi, bilemedim.	Ich wusste nicht, was ich sagen sollte.
Şaşakaldım.	Ich war (völlig) baff.
Çok komikti.	Es war so komisch.
Gülme krizi tuttu.	Wir bekamen einen Lachanfall.
Gülmekten karnım ağrıdı.	Mir tat vor Lachen der Bauch weh.
O kadar komikti ki.	Es war so lustig.

Die folgenden Wörter helfen Ihnen, eine Begebenheit Schritt für Schritt zu berichten.

Bunu gerçekten söyledi mi?	Hat er das wirklich gesagt?
İnanılacak gibi değil.	Das ist kaum zu glauben.
Beni alaya mı alıyorsun?	Nimmst du mich auf den Arm?
... fıkrasını biliyor musunuz?	Kennen Sie den Witz über ...?
Eminim, bu fıkrayı bilmiyorsunuzdur.	Ich bin mir sicher, dass Sie diesen Witz (noch) nicht kennen.
Şöyle başlıyor: ...	(Nun,) Er fängt so an: ...
(Fıkrayı) Anladın mı?	Hast du (den Witz) verstanden?
Bazen kafam biraz yavaş çalışıyor.	Manchmal funktioniert mein Kopf etwas langsam.
Aa, şimdi anladım.	Ah, jetzt hab ich's verstanden.
Bu fıkra çok iyimiş.	Dieser Witz ist echt gut.
Bunu aklımda tutmalıyım.	Den muss ich mir merken.

Ihren Unglauben können Sie auch mit *Yok daha neler!* (in etwa: „Sonst noch was?") zum Ausdruck bringen.

Gut zu wissen!
Wenn man lustige Anekdoten und Witze erzählen will, sollte man sich immer vorher überlegen, ob sie beim Zuhörer gut ankommen, d. h. ob sie „zulässig" sind – und nicht etwa persönliche oder kulturelle Empfindlichkeiten berühren. Versuchen Sie, religiöse, politische, diskriminierende und sexistische Inhalte zu vermeiden – Themen, die in der Türkei, wie in vielen Ländern, als Tabuthemen gelten.

F

**Gute
und schlechte
Nachrichten**

Her şeyin ters gittiği bir gündü.	Das war (so) ein Tag, an dem (einfach) alles schiefgeht.
Gerçekten şansızdım.	Ich hatte wirklich Pech.
Her şey ters gitti.	Alles ging schief.
Böyle *kötü / korkunç* bir seyahat hiç yaşamamıştım.	So eine *schreckliche / furchtbare* Reise habe ich noch nie erlebt.
Başından beri bir felaketti.	Von Anfang an war es eine Katastrophe.
Başından sonuna kadar tam bir fiyaskoydu.	Vom Anfang bis zum Ende war es ein richtiges Fiasko.
Geciktirildik.	Wir wurden aufgehalten.
Havalimanında grev vardı.	Es gab einen Streik am Flughafen.
Uçuş iptal oldu.	Der Flug wurde annulliert.
Bir sonraki uçağımızı kaçırdık.	Wir haben unseren Anschlussflug verpasst.
Takılı kaldık.	Wir hingen fest.
Hava berbattı.	Das Wetter war abscheulich.
Cereyan kesildi.	Es gab einen Stromausfall.
Cüzdanımı / Para çantamı / Anahtarımı kaybettim.	Ich habe *meinen Geldbeutel / meine Brieftasche / meinen Schlüssel* verloren.
Yolumuzu kaybettik.	Wir haben uns verfahren.
Araba yolda kaldı.	Das Auto blieb stehen.
Trafiğe yakalandık.	Wir hingen im Stau fest.
Tren, elli dakika gecikme yaptı.	Der Zug hat sich um fünfzig Minuten verspätet.

şanslı olmak =
Glück haben
şanssız olmak =
kein Glück / Pech
haben
*mutlu / mutsuz
olmak* = glücklich /
unglücklich sein

Wörter, die mit
zwei aufeinander-
folgenden Konso-
nanten beginnen,
werden oftmals mit
einem sogenannten
„Sproßvokal", einer
Art „Hilfsvokal",
ausgesprochen:
t[i]ren (Zug), *s[i]por*
(Sport), *k[i]ral* (König).

Hiç yardımcı olmadılar.	Sie haben uns überhaupt nicht geholfen.
(Hiç) Kimse bir şey bilmiyordu.	(Absolut) Keiner wusste was.
(Bizimle) Hiç ilgilenmediler.	Sie haben sich überhaupt nicht (um uns) gekümmert.
(Onların) Umrunda bile değildi.	Es war ihnen völlig egal.
Durumda değiştirebileceğim hiçbir şey yoktu.	Es gab nichts, was ich an der Situation hätte ändern können.
Her şey denedim, ama hepsi boşunaydı.	Ich habe alles versucht, aber es war alles umsonst.
Kendimi o kadar aptal hissettim ki.	Ich kam mir so blöd vor.
Çok kızdım.	Ich habe mich so geärgert.
Çok sinirlendim.	Ich habe mich so aufgeregt.
Çok yorulduk.	Wir waren so erschöpft.
Bittik tükendik.	Wir waren total k. o.
Sonunda bittiğine, çok sevindik.	Wir waren so froh, dass es endlich vorbei war.
Şimdiye kadar, yaşadığım en kötü şeydi.	Es war das Schlimmste, was ich je erlebt habe.
Düşmanımın bile, böyle bir şeyin başına gelmesini istemem.	Ich würde so etwas nicht einmal meinem ärgsten Feind wünschen.

Gut zu wissen!
Es ist keine Schande, über schlechte Erfahrungen und Misslungenes zu sprechen. Sie können sich auch ausgiebig über Dinge beschweren, die nicht funktionieren, wie beispielsweise öffentliche Verkehrsmittel und Ähnliches. Zurückhaltend sollten Sie hingegen bei persönlichen Angelegenheiten, wie Krankheit, Beziehungskrisen und Ähnlichem sein, da diese Themen sehr schnell Befremden auslösen können.

G

Gefühle und
Emotionen

İlgi ve ilgisizlik
göstermek
Interesse und
Desinteresse
bekunden

Bei Sachen und
Tätigkeiten kann
sevmek je nach
Kontext „gern
haben", „mögen"
oder „lieben"
heißen.

Tarihle ilgilenirim.	Ich interessiere mich für Geschichte.
Hayvanları severim.	Ich mag Tiere.
Yürüyüşe çıkmayı severim.	Ich wandere gern.
Dağları severim.	Ich liebe die Berge.
Dondurmaya bayılırım.	Auf Eis(creme) bin ich ganz versessen.
Çikolataya dayanamam.	Schokolade kann ich einfach nicht widerstehen.
Ali, çok istekli bir tenisçi.	Ali ist begeisterter Tennisspieler.
Ahmet, tiyatro hayranı.	Ahmet ist Theaterfan.
Uğur, bilgisayar fanatiği.	Uğur ist ein Computerfreak.

Bei Personen
bedeutet *sevmek*
„gern haben /
mögen" im allge-
meinen, neutralen
Sinn. Wenn Sie
gegenüber einem
Angehörigen des
anderen Geschlechts
mehr Gefühle hegen,
verwenden Sie
hoşlanmak. Und wenn
noch mehr Gefühle im
Spiel sind („lieben"),
gebrauchen Sie
wiederum *sevmek*.

Komşularımı severim.	Ich mag meine Nachbarn.
Gülden'den hoşlanıyorum.	Ich mag Gülden.
Ahmet'i seviyorum.	Ich liebe Ahmet.
Futbolu sever misin?	Magst du Fußball?
Sporla (aslında) pek fazla ilgilenmem.	Ich mache mir (eigentlich) nicht viel aus Sport.
Bu yazarı pek sevmem.	Ich halte nicht viel von diesem Autor.
Tolkşovları sevmem.	Ich mag keine Talkshows.
Karar veremeyen insanlara tahammül edemiyorum.	Ich kann Leute, die sich nicht entscheiden können, nicht ausstehen.
Elektronik müziğe tahammül edemiyorum.	Ich kann Elektro-Musik nicht ertragen.

Spordan nefret ederim.	Ich hasse Sport.
Bahçe işleri bana göre değil.	Gartenarbeit ist nichts für mich.
Kürek çekmek herkesin yapacağı iş değil.	Rudern ist nicht jedermanns Sache.
Melek, eleştiriyi kolay kabullenemiyor.	Melek kann Kritik schlecht annehmen.
Ali hiç tipim değil.	Ali ist einfach nicht mein Typ.
Bu tür insanlar için zamanıma yazık.	Für solche Leute ist mir meine Zeit zu schade.
Benim için fark etmez.	Es macht mir nichts aus.
Benim için hepsi bir.	Mir ist es gleich / einerlei.
Her ne olursa olsun.	Egal was.
Buna karşı değilim.	Ich habe nichts dagegen.
Tamamen sana uyarım.	Ich richte mich ganz nach dir.
Kimin umrunda ki?	Wen juckt's?
Ee? / Ne yapalım yani? / Ne olmuş yani?	Na und?
Umrumda değil.	Mich juckt es nicht.
Bana vız gelir.	Das ist mir schnuppe.
Bu benim sorunum değil.	Das ist nicht mein Problem.
Bu senin sorunun.	Das ist dein Problem.
Ne istersen, yap.	Tu, was du willst.

Sprechen Sie *Ee?* wie zwei verbundene „ä" aus und achten Sie darauf, Ihre Stimme zum Ende hin zu heben.

Gut zu wissen!

Zusammengefasst können Sie Ihr Interesse an einer Sache oder Tätigkeit mit ... *ilgilenirim* (ich interessiere mich für ...), ... *severim* (ich mag ...), Ihr Desinteresse hingegen mit ... *ilgilenmem* (ich interessiere mich nicht für ...), ... *sevmem* (ich mag ... nicht) ausdrücken. Bei Personen drücken Sie Sympathie / Antipathie mit ... *seviyorum* (ich mag ...) bzw. ... *sevmiyorum* (ich mag ... nicht) aus. Möchten Sie mehr Emotion vermitteln, verwenden Sie ... *hoşlanıyorum* (ich mag ...) bzw. ... *hoşlanmıyorum* (ich mag ... nicht) (Details s. Marginalspalte Seite 54).

G

Gefühle und Emotionen

Umut, sevinç
ve şans

Hoffnung, Freude
und Glück

Umarım, her şey yolunda gider.	Ich hoffe, alles geht gut.

hoffentlich / ich hoffe, dass …
= inşallah … / umarım, … / ümit ederim (ki), …

Cem, inşallah terfi eder.	Hoffentlich wird Cem befördert.
Deniz, yakında yeni bir iş bulur diye ümit ediyor.	Deniz hofft, bald eine neue Arbeit zu finden.
Mert, partiye gelecek mi?	Wird Mert zur Party kommen?
Umarım(, gelir).	Ich hoffe es.
Umarım, gelmez.	Ich hoffe, er kommt nicht.

olumlu = positiv, optimistisch
olumsuz = negativ, pessimistisch
Allgemein bedeutet das Suffix
-lı/-li/-lu/-lü „mit",
-sız/-siz/-suz/-süz hingegen „ohne":
şekerli / şekersiz (mit Zucker / ohne Zucker), **sütlü / sütsüz** (mit Milch / ohne Milch).

Geleceğe oldukça olumlu bakıyorum.	Ich blicke ziemlich optimistisch in die Zukunft.
Hepimiz, oldukça ümitliyiz.	Wir sind alle ziemlich zuversichtlich.
Bu, çok insana umut verecek.	Dies wird vielen Menschen Hoffnung geben.
Ümidi daha kesmedim.	Ich habe die Hoffnung noch nicht aufgegeben.
Bir umut ışığı var.	Es gibt einen Hoffnungsschimmer.
Tünelin sonunda ışık var.	Es gibt Licht am Ende des Tunnels.
En iyisini ümit edelim.	Hoffen wir das Beste.
Sana şans diliyorum.	Ich wünsche dir Glück.
Her şey yolunda giderse, hafta sonuna kadar her şey bitmiş olacak.	Wenn alles gut geht, ist bis zum Wochenende alles fertig.

Bu haber, *ümit verici / cesaret verici*.	Diese Nachricht *ist vielversprechend / ist ermutigend*.
Türkiye'ye geleceğine seviniyorum.	Ich freue mich, dass du in die Türkei kommen wirst.
İyileştiğine sevindim.	Ich bin froh, dass es dir wieder gut geht.
Çok mutluyum.	Ich bin so glücklich.
Herkesin neşesi yerindeydi.	Alle waren gut gelaunt.
Can, oldukça neşeliydi.	Can war in ziemlich guter Stimmung.
Sibel, sevinçten havalara uçuyordu.	Sibel war überglücklich.
Bebek doğuduğunda, sevinçten havalara uçtuk.	Als das Baby geboren wurde, waren wir überglücklich.
Ece, sınav sonuçlarını öğrendiğinde, sevinçten zil takıp oynadı.	Als Ece ihre Prüfungsergebnisse erfahren hat, war sie ganz aus dem Häuschen.
Son derece sevindik.	Wir haben uns riesig gefreut.
İyi haberleriniz bizi gerçekten çok sevindirdi.	Eure guten Nachrichten haben uns wirklich sehr gefreut.
Beni şenlendirdin.	Du hast mich aufgemuntert.
Beni neşenlendirdin.	Du hast mich aufgeheitert.

Wenn Sie Freude (Ich bin froh / freue mich, dass …) über etwas ausdrücken möchten, das noch andauert, verwenden Sie *… seviniyorum;* bei schon Abgeschlossenem verwenden Sie *… sevindim.*

Gut zu wissen!
Sie werden in der Türkei oftmals *inşallah* hören, was wortwörtlich „so Gott will" heißt, aber nicht nur im religiösen Sinne verwendet wird, sondern auch ganz neutral „hoffentlich" bedeutet. Erwidern Sie eine Äußerung, die *inşallah* beinhaltet, mit *İnşallah!* – so zeigen Sie Ihrem Gesprächspartner, dass Sie seine Hoffnung teilen. Verwechseln Sie *inşallah* aber nicht mit *maşallah*. Letzteres wird gesagt, um gegen den „bösen Blick" zu schützen.

G

Gefühle und
Emotionen

27 Hayal kırıklığı ve üzüntü
Enttäuschung und Traurigkeit

Sonuçlardan hayal kırıklığına uğradım.	Ich war von den Ergebnissen enttäuscht.
O kadar hayal kırıklığına uğradık ki.	Wir waren so enttäuscht.
Beni hayal kırıklığına uğrattınız. Sizden daha çok beklerdim.	Sie haben mich enttäuscht. Ich hatte mehr von Ihnen erwartet.
Çok büyük / Tam bir hayal kırıklığıydı.	Es war eine *sehr große / totale* Enttäuschung.
Meslektaşlarım bana yardım etmedi. Kendimi yarı yolda bırakılmış gibi hissettim.	Meine Kollegen haben mir nicht geholfen. Ich fühlte mich im Stich gelassen.
Bir kez bile iş görüşmesi daveti almamış olmak, benim için büyük bir hayal kırıklığıydı.	Zu meiner großen Enttäuschung bekam ich noch nicht einmal ein Vorstellungsgespräch.
Cesaretim çok kırılmıştı.	Ich war so entmutigt.
Yüreğim sızlayarak *yola çıktım / gittim*.	Ich bin schweren Herzens *abgereist / gegangen*.
Parti, tam bir *yanılmaydı / fiyaskoydu*.	Die Party war ein richtiger *Reinfall / Misserfolg*.
Beklentilerimizin çok çok gerisindeydi.	Es blieb weit hinter unseren Erwartungen zurück.
Neden bu kadar gamlı görünüyorsun?	Warum siehst du so bedrückt aus?
Kendimi çok *üzgün / mutsuz / sefil* hissediyorum.	Ich fühle mich so *traurig / unglücklich / elend*.
Çok *gamlı / bitkin / kederli* görünüyorsunuz.	Sie wirken so *bedrückt / niedergeschlagen / betrübt*.

benden = von mir
senden = von dir
ondan = von ihm / ihr
bizden = von uns
sizden = von euch / Ihnen
onlardan = von ihnen

Ali *çok kederli / tamamıyla keyifsiz.*	Ali ist *zu Tode betrübt / völlig deprimiert.*
Takımı yenildiğinde, avutulamazdı.	Als seine Mannschaft verlor, war er untröstlich.
Mete gerçekten çok ezik.	Mete ist wirklich sehr geknickt.
Hepimiz gerçekten çok sarsılmıştık.	Wir waren wirklich alle bestürzt.
Oldukça sarsılmış görünüyorsun.	Du siehst ziemlich mitgenommen aus.
Geçen aylarda başıma gelen tüm kötü şeyler, beni çok sarstı.	All die schlimmen Dinge, die mir in den letzten Monaten passiert sind, haben mich sehr mitgenommen.
Neler olacağını düşündükçe, keyfim kaçıyor.	Es deprimiert mich, wenn ich daran denke, was passieren wird.
Sevil, hala ölen eşinin matemini tutuyor.	Sevil trauert noch um ihren verstorbenen Mann.
Aile, hala matem tutuyor.	Die Familie trauert noch.

sarsmak = (seelisch) mitnehmen
yormak = (körperlich) mitnehmen

Anstelle von ... *matem tutuyor* können Sie auch ... *yas tutuyor* (er / sie trauert) sagen.

Gut zu wissen!
Seien Sie bei Enttäuschungen und traurigen Nachrichten mitfühlend und versuchen Sie, Ihren Gesprächspartner aufzubauen:
- *Üzülme.* (Sei nicht traurig.)
- *Olur böyle şeyler.* (Solche Dinge passieren nun einmal.)
- *Her şey düzelecektir. / Her şey yoluna girecektir.* (Es wird wieder alles gut.)
- *Olumlu bak her şeye.* (Sieh es positiv.)

Vergessen Sie auch nicht, Ihre Hilfe anzubieten, auch wenn es nur dahingesagt sein sollte:
- *Yapabileceğim bir şey var mı?* (Gibt es etwas, das ich tun kann?)
- *Yapabileceğim bir şey varsa, söylemeye çekinme lütfen.* (Wenn ich etwas tun kann, zögere bitte nicht, es zu sagen.)
- *Her zaman yanındayım.* (Ich stehe dir immer zur Seite.)

G

Gefühle und Emotionen

Sürpriz ve inanamamak
Überraschung und Unglaube

Achten Sie darauf, dass „können" im Türkischen im bejahten Fall durch *-ebil-* / *-abil-*, im verneinten Fall durch *-e-* / *-a-* ausgedrückt wird: *inanıyorum* (ich glaube), *inanabiliyorum* (ich kann glauben); *inanmıyorum* (ich glaube nicht), *inanamıyorum* (ich kann nicht glauben)

İnanamıyorum.	Ich kann es (einfach) nicht glauben.
İnanamadık.	Wir konnten es (einfach) nicht glauben.
Buna inanmıyorum!	Ich glaube das nicht!
İnanılacak gibi değil.	Das ist unglaublich.
Akıl erdirecek gibi değil.	Das ist kaum fassbar.
Buna akıl ermez.	Es ist nicht zu fassen.
Hayatta! Bu imkansız!	Niemals! Das ist unmöglich!
Ne diyeceğimi, bilemiyorum.	Ich weiß nicht, was ich sagen soll.
Şaşıp kaldım.	Ich war so überrascht.
Şaştım kaldım.	Ich war verblüfft.
Dona kaldım.	Ich war platt.
Ne diyebilirim ki.	Ich bin sprachlos.
Dilim tutuldu.	Es verschlug mir die Sprache.
Hayretler içindeydik.	Wir waren (völlig) erstaunt.
Afalladık.	Wir fielen aus allen Wolken.
Haber, hepimizi çok şaşırttı.	Die Nachricht überraschte uns alle völlig.
Bu, bizi tamamıyla şaşırttı.	Das hat uns total verblüfft.
Bu, çok şaşılacak bir şeydi.	Das war eine höchst erstaunliche Sache.
Çok fantastikti.	Es war so unwirklich.
Bu, gerçek olamayacak kadar iyi.	Das ist zu gut, um wahr zu sein.

Da *dil* nicht nur „Sprache", sondern auch „Zunge" heißt, kann *dilim tutuldu* wortwörtlich als „meine Zunge war (wie) gelähmt" verstanden werden.

Bu, gerçekten gözümü açtı.	Das hat mir wirklich die Augen geöffnet.
Bunda şaşılacak bir şey yok.	Das ist kein Wunder.
Bu, sürpriz değildi.	Das war keine Überraschung.
Hiç şaşırmadım.	Ich war nicht im Geringsten überrascht.
Bu, beni hiç şaşırtmadı.	Das hat mich überhaupt nicht überrascht.
Sen, onu benim külahıma anlat.	Das kannst du deiner Großmutter erzählen.
Yok daha neler!	Wer's glaubt, wird selig!
… bana yutturamazsın.	Du kannst mir nicht weismachen, dass …
Ben dünkü çocuk değilim, biliyor musun?	Ich bin nicht von gestern, weißt du?
Doğuştan *alaycıyımdır / şüpheciyimdir*.	Ich bin der geborene *Zyniker / Skeptiker*.
Bunu hayatta yapmazdı.	Das hätte sie nie getan.
Hüseyin' in böyle bir şeyi yapabileceği, akla hayale sığmaz.	Es ist unvorstellbar, dass Hüseyin so etwas tun würde.
Bu, bana hiç de mantıklı gelmiyor.	Das hört sich für mich überhaupt nicht plausibel an.
Ciddi olarak inanmadım.	Ich habe es nicht für bare Münze genommen.

Gut zu wissen!
Das Geschichtenerzählen hat in der Türkei Tradition – und ein wenig Übertreibung gehört dazu. Reagieren Sie darauf gelassen und stellen Sie Ihren Gesprächspartner nicht bloß. Ganz im Gegenteil: Zeigen Sie Interesse an dem Erzählten (*Aa, gerçekten mi?* = „Ach, wirklich?", *Bu çok ilginç!* = „Das ist ja interessant!", *Ee?* = „Und dann?"; siehe auch Abschnitt 8) und spielen Sie das „Spiel des Erzählens" einfach mit.

H

Die Meinung
äußern

29 Başkaların görüşü
ve kendi fikriniz
Die Ansichten
anderer und Ihre
eigene Meinung

benim fikrim =
meine Meinung
senin fikrin =
deine Meinung
onun fikri =
seine / ihre Meinung
bizim fikrimiz =
unsere Meinung
sizin fikriniz =
eure / Ihre Meinung
onların fikri =
ihre Meinung

(Bu konuda) Sizin fikriniz nedir?	Was ist Ihre Meinung (zu diesem Thema)?
(Bu meselede) Sizin görüşünüz nedir?	Was ist Ihre Ansicht (in dieser Angelegenheit)?
(Bu meselede) Sizin posizyonunuz nedir?	Wo stehen Sie (in dieser Sache)?
(Bununla ilgili) Sizin bakış açınız nedir?	Was ist Ihr Standpunkt (dazu)?
Bu meseleyi siz nasıl görüyorsunuz?	Wie sehen Sie diese Sache?
(Bununla ilgili) Siz ne düşünüyorsunuz?	Was denken Sie (darüber)?
Siz, buna ne diyorsunuz?	Was sagen Sie dazu?

bence / bana kalırsa /
bana göre = meiner
Meinung nach

Bence, bu zaman kaybından başka bir şey değil.	Meiner Meinung nach ist das reine Zeitverschwendung.
Bence, daha çok para biriktirmemiz gerekiyor.	Meiner Meinung nach sollten wir mehr sparen.
Bence, eğitime yeteri kadar para verilmiyor.	Ich bin der Meinung, dass nicht genug Geld für Bildung ausgegeben wird.
Bana sorarsanız, bu ümit verici bir fikir.	Wenn Sie mich fragen, ist das eine vielversprechende Idee.
Ben şahsen, çok umutluyum.	Ich persönlich bin sehr zuversichtlich.
Benim açımdan, daha fazla tüketim konjonktüre her zaman daha fazla yarayacaktır.	Von meiner Warte aus hilft mehr Konsum der Konjunktur immer.

Gördüğüm kadarıyla, şu an hiç de uygun bir zaman değil.	So wie ich das sehe, ist jetzt nicht der beste Zeitpunkt.
Bana göre o, zamanın en iyi yazarlarından biri.	Für mich ist sie eine der besten Schriftstellerinnen der Zeit.
Bana gelince, her şey harika gidiyor.	Was mich betrifft, läuft alles prima.
Sanırım, doğru yoldayız.	Ich glaube, wir sind auf dem richtigen Weg.
Sanırım, hepimiz daha çok çalışmamız gerekir.	Ich glaube, dass wir alle härter arbeiten müssen.
Sanırım, Soner yakında geri dönecek.	Ich glaube, dass Soner bald zurück sein wird.
Mert haklı, diye düşünüyorum.	Ich denke, Mert hat recht.
Ahmet' i bu pozisyon için en iyi aday olarak görmüyorum.	Ich betrachte Ahmet nicht als den besten Mann für die Stelle.
Çok büyük değişikliklerin olacağını tahmin ediyorum.	Ich schätze, es wird große Veränderungen geben.
Bunun zamanla olacağını düşünüyorum.	Ich denke, es ist einfach eine Frage der Zeit.

Gut zu wissen!
Ihre eigene Meinung können Sie durch *bence / bana kalırsa / bana göre* (meiner Meinung nach) ausdrücken. Versuchen Sie aber, auch Redemittel wie *Bana sorarsanız, ...* (Wenn Sie mich fragen, ...), *Benim açımdan, ...* (Von meiner Warte aus, ...), *Gördüğüm kadarıyla, ...* (So wie ich das sehe, ...), *Sanırım, ...* (Ich glaube, dass ...), *... düşünüyorum.* (Ich denke, dass ...), *... tahmin ediyorum.* (Ich schätze, dass ...) zu verwenden – nicht nur, um Ihre Rede abwechslungsreich zu gestalten, sondern auch, um Ihren Standpunkt nicht allzu schroff wirken zu lassen.

30 Onaylamak
Zustimmung ausdrücken

Çok haklısın.	Du hast total recht.
(Tamamıyla) Haklısınız.	Sie haben (absolut) recht.
Dediğiniz / Düşündüğünüz doğru.	*Was Sie (da) sagen / Was Sie (da) denken*, ist richtig.
(*Seninle / Sizinle / Bu konuda*) Aynı fikirdeyim.	Ich stimme (*dir / Ihnen / dem*) zu.
Aynı görüşteyim.	Ich bin der gleichen Ansicht.
Fikrinizi paylaşıyorum.	Ich teile Ihre Meinung.
Bu benim de *fikrim / görüşüm / bakış açım / izlenimim*.	Das ist auch *meine Meinung / meine Ansicht / mein Standpunkt / mein Eindruck*.
Bunu, ben de böyle görüyorum.	So sehe ich das auch.
Bunu, aynı şekilde görüyorum.	Ich sehe das ganz genauso.
Ben de *böyle / bunu / aynı şeyi* düşünüyorum.	*So / Das / Dasselbe* denke ich auch.
Buna tamamen katılıyorum.	Ich schließe mich dem völlig an.
(Yüzde yüz) Mutabıkım.	Ich bin (hundert Prozent) einverstanden.
Taşı gediğine koydun.	Du hast den Nagel auf den Kopf getroffen.
Daha iyisini ben bile söyleyemezdim.	Das hätte ich selbst nicht besser sagen können.
Sanırım, haklısın.	Ich glaube, du hast recht.
Bunda çok doğru olan şeyler var.	Da ist viel Wahres dran.

Prozentzahlen werden im Türkischen „verkehrt herum" ausgedrückt: *Yüzde doksan* heißt „von hundert neunzig" und bedeutet 90 %, was übrigens auch „verkehrt herum" geschrieben wird, also % 90.

Hem de nasıl.	Und ob.
Ne kadar doğru.	Wie wahr.
(Bu) Doğru.	(Das ist) Richtig / Korrekt.
Aynen.	Genau so ist es.
Öyle.	So ist es.
Tabii ki. / Elbette.	Natürlich.
Bu fikri sevdim. – Ben de.	Ich mag diese Idee. – Ich auch.
Bundan eminim.	Davon bin ich überzeugt.
Bunu destekliyorum.	Das unterstütze ich.
(Bunu yapma) Taraftarıyım.	Ich bin dafür(, das zu tun).
Tam desteğime sahipsiniz.	Sie haben meine volle Unterstützung.
Görünüşe göre, aynı görüşlerimiz var.	Wir haben anscheinend dieselben Ansichten.
(Bu konuda) Hemfikiriz.	Wir sind uns (in dieser Sache) einig.
Aynı fikirdeyiz o halde.	Wir sind also einer Meinung.
Bir uzlaşma olacak gibi görünüyor.	Es scheint eine Einigung zu geben.
Doğru yoldayız.	Wir sind auf dem richtigen Weg.

Das deutsche „auch" wird bei einem vorangehenden hellen Vokal (e, i, ö, ü) durch *de*, bei einem vorangehenden dunklen Vokal (a, ı, o, u) durch *da* zum Ausdruck gebracht: *ben de* (ich auch), *o da* (er / sie auch).

Gut zu wissen!
Damit ein Gespräch harmonisch verläuft, ist es hilfreich, der Meinung des Gesprächspartners hin und wieder zuzustimmen, auch wenn es vielleicht nicht immer Ihrer eigenen Meinung entspricht. Sie können durch Redemittel wie *Bu doğru, ama …* (Das ist richtig, aber …), *Haklısın, fakat …* (Du hast recht, aber …), *Belki bunu da düşünmelisin ki, …* (Vielleicht solltest du auch bedenken, dass …) zeigen, dass Sie eine andere Auffassung vertreten, ohne dabei Ihren Gesprächspartner zu brüskieren (siehe auch Abschnitt 31).

H

Die Meinung äußern

31 İtiraz etmek
Widersprechen

Üzgünüm, (*seninle / sizinle / bu konuda*) aynı fikirde değilim.	Tut mir leid, ich stimme (*dir / Ihnen / dem*) nicht zu.
Üzgünüm, ama mutabık olduğumdan emin değilim.	Tut mir leid, aber ich bin mir nicht sicher, ob ich einverstanden bin.

doğrusu / aslında = eigentlich
daha çok = eher
açıkçası = offen gestanden

Böyle birşeyin söylenebileceğine, doğrusu inanmıyorum.	Ich glaube eigentlich nicht, dass man das so sagen kann.
Buna şüpheyle yaklaşıyorum.	Das bezweifle ich.
Bundan şüphem var.	Da habe ich meine Zweifel.
Bunun doğru olduğundan, çok şüpheleniyorum.	Ich bezweifle sehr, dass das richtig ist.
Daha çok şüpheciyim.	Ich bin eher skeptisch.
Bu, daha çok imkansız gibi görünüyor.	Das scheint eher unwahrscheinlich.
Bundan o kadar çok emin değilim.	Da bin ich mir nicht so sicher.

Das deutsche „müssen" wird mit
... *gerekiyor* ausgedrückt. Die Person wird am Verb kenntlich gemacht:
gelmem gerekiyor = ich muss kommen
gelmen gerekiyor = du musst kommen
gelmesi gerekiyor = er / sie muss kommen
gelmemiz gerekiyor = wir müssen kommen
gelmeniz gerekiyor = ihr / Sie müssen kommen
gelmeleri gerekiyor = sie müssen kommen

Biraz önce bahsettiğiniz konuda size itiraz etmem gerekiyor.	Ich muss Ihnen in Bezug auf das, was Sie gerade gesagt haben, widersprechen.
İtiraz etmem gerekiyor.	Da muss ich widersprechen.
Bunu hiç böyle görmüyorum.	Das sehe ich gar nicht so.
Bu konuda yanılıyorsunuz.	In dieser Sache täuschen / irren Sie sich.
Tamamıyla yanılıyorsunuz.	Da liegen Sie ganz falsch.
Yanlış düşünüyorsun.	Du bist auf der falschen Fährte.

Sanırım, bir yanlışlık var.	Ich glaube, es liegt ein Irrtum vor.
Başka fikirdeyim.	Ich bin anderer Meinung.
Tamamen başka görüşteyim.	Ich bin völlig anderer Ansicht.
(Bu konuda) Farklı görüşteyiz.	Wir sind (in dieser Sache) unterschiedlicher Ansicht.
Farklı görüşlerimiz var.	Wir haben unterschiedliche Ansichten.
Buna karşıyım.	Ich bin dagegen.
Bu doğru değil.	Das ist nicht richtig.
Bu gerçek değil.	Das ist nicht wahr.
Bu konuda bölündük.	Wir sind in dieser Sache gespalten.
Bu konuda, fikirlerimizde ihtilaf varmış gibi görünüyor.	Unsere Meinungen scheinen in dieser Sache auseinanderzugehen.
Bu konuda, farklı fikirlerde olmamızı kabullenmeliyiz.	Wir müssen es dabei belassen, dass wir unterschiedlicher Meinung sind.

Gut zu wissen!
Widersprechen Sie besser auf eine indirekte Weise, damit sich Ihr Gesprächspartner nicht angegriffen fühlt. Sie können dies mit *Üzgünüm, ama ...* (Tut mir leid, aber ...), *Dediğinize tam katılamıyorum, çünkü ...* (Ich kann dem, was Sie gesagt haben, nicht ganz zustimmen, weil ...), *Belki yanılıyorum, fakat ...* (Vielleicht irre ich mich, aber ...) gut bewerkstelligen.

H

**Die Meinung
äußern**

Beschwerde und
Reklamation

Üzgünüm, ama bir şikayetim var.	Es tut mir leid, aber ich habe eine Beschwerde.
Maalesef servisle ilgili şikayette bulunmam gerekiyor.	Ich muss mich leider über den Service beschweren.
Maalesef küçük bir sorun var.	Es gibt leider ein kleines Problem.
Bir şey yolunda gitmiyor gibi görünüyor.	Es scheint etwas nicht in Ordnung zu sein.
Banyo temizlenmemiş.	Das Bad ist nicht gereinigt worden.
El havlusu yok.	Es gibt keine Handtücher.
Kalorifer çalışmıyor.	Die Heizung funktioniert nicht.
Ampul bozuk.	Die Glühbirne ist kaputt.
Televizyonun ekranında görüntü yok.	Der Fernsehbildschirm bleibt schwarz.
Klimada bir sorun var.	Etwas stimmt mit der Klimaanlage nicht.
Tuvalet tıkalı.	Die Toilette ist verstopft.
Bu, çok *büyük / küçük / uzun / kısa*.	Das ist zu *groß / klein / lang / kurz*.
Fermuar bozuk.	Der Reißverschluss ist kaputt.
Bir parça eksik.	Ein Teil fehlt.
Düğmeye bastığımda bir şey olmuyor.	Wenn ich den Knopf drücke, passiert nichts.
Araba kirli.	Das Auto ist dreckig.

Die folgenden Sätze sind vor allem auf Reisen sehr nützlich.

Bunu tamir edebilir misiniz lütfen?	Können Sie das bitte richten?	*tamir etmek / onarmak* = richten (reparieren) *düzeltmek* = richten (in Ordnung bringen)
Bununla ilgili bir şey yapabilir misiniz lütfen?	Können Sie bitte etwas dagegen tun?	
Bu sorunu çözmek için bir yol bulacağımıza eminim.	Ich bin sicher, dass wir einen Weg finden, das Problem zu lösen.	
Bu sizin suçunuzun olmadığını biliyorum.	Ich weiß, dass das nicht Ihre Schuld ist.	
Yedeğini istiyorum.	Ich hätte gern Ersatz.	
İadeyi istiyorum.	Ich möchte um Erstattung bitten.	
Paramı geri istiyorum.	Ich will mein Geld zurück.	
Bunu kabullenmem gerekmiyor.	Das muss ich nicht hinnehmen.	Wenn man *gerekiyor* (müssen) verneinen möchte, fügt man die Verneinungs- partikel *-mi-* nach dem Verbstamm ein: *gerekmiyor* (nicht müssen) (siehe auch Abschnitt 31)
Buna katlanmam gerekmiyor.	Das muss ich mir nicht gefallen lassen.	
Paramın geri verilmesini istemek, hakkım.	Es ist mein gutes Recht, mein Geld zurückzufordern.	
Yöneticiyle görüşmek istiyorum.	Ich will mit dem Geschäftsführer sprechen.	
Sorumlu kişiyle görüşmek istiyorum.	Ich verlange, die zuständige Person zu sprechen.	
Bunu, yöneticinizle konuşmak zorunda kalacağım.	Ich werde die Angelegenheit mit Ihrem Vorgesetzten besprechen müssen.	
Böyle bir muameleye izin vermem.	Ich verbitte mir eine solche Behandlung.	

> **Gut zu wissen!**
> Am ehesten hat man mit einer Beschwerde Erfolg,
> wenn man höflich bleibt und nicht mit der Tür ins Haus
> fällt. Auch hier gilt, dass Wendungen wie *üzgünüm* (tut
> mir leid) und *özür dilerim* (Entschuldigung) helfen, die
> Beschwerde weniger vorwurfsvoll zu formulieren.
> Bleiben Sie gelassen und steuern Sie eine Portion
> Humor bei – so haben Sie schon halb gewonnen.

33 Öneriler ve tavsiyeler
Vorschläge und Empfehlungen

tavsiye = Tipp
(Empfehlung)
ipucu / tüyo = Tipp
(Hinweis)

Bize, hangi görülmeye değer yerleri tavsiye edersiniz?	Welche Sehenswürdigkeiten würden Sie uns empfehlen?
(Bize) Ne önerirsiniz?	Was schlagen Sie (uns) vor?
Bize, birkaç öneriniz olur mu acaba?	Haben Sie vielleicht ein paar Vorschläge für uns?
Bize, birkaç tavsiyede bulunabilir misiniz?	Können Sie uns ein paar Tipps geben?
Bize, bir restoran tavsiye edebilir misiniz?	Können Sie uns ein Restaurant empfehlen?
Sinemaya ne dersin?	Was hältst du von Kino?
Eski şehir merkezine ne dersin?	Wie wär's mit der Altstadt?
Neden sahile gitmiyoruz?	Warum gehen wir nicht zum Strand?
Bir bara gidebiliriz.	Wir könnten in eine Kneipe gehen.
Bir sergiye gidebilirsiniz.	Sie könnten in eine Ausstellung gehen.
Bir sandal gezisi yapalım, isterseniz.	Lasst uns eine Bootsfahrt machen.
Biraz dinlenip sonra devam edelim, isterseniz.	Lasst uns ein wenig ausruhen und dann weiterziehen.
Belki Reina'da bir kokteyl içmek istersiniz?	Vielleicht möchten Sie im Reina einen Cocktail trinken?
Aklıma daha iyi bir şey gelmiyor.	Mir fällt nichts Besseres ein.

İstersen, Aleyna'nın önerdiğini de yapabiliriz.	Wir könnten auch (einfach) das tun, was Aleyna vorschlägt.	
Başka bir öneride bulunabilir miyim?	Kann / Darf ich einen anderen Vorschlag machen?	einen Vorschlag machen = *bir öneride bulunmak* (nicht: *yapmak*)
Başka bir öneride bulunabilirsem …	Wenn ich einen anderen Vorschlag machen dürfte, …	
Daha iyi bir fikrim var.	Ich habe eine bessere Idee.	Den Komparativ bilden Sie mit *daha* + Adjektiv (*daha güzel* = schöner), den Superlativ mit *en* + Adjektiv (*en güzel* = [am] schönste[n]).
Yarım saat sonra (resepsiyonda) buluşalım mı?	Sollen wir uns in einer halben Stunde (an der Rezeption) treffen?	
En iyisi, saat dokuzda buluşalım.	Am besten treffen wir uns um neun.	
İsterseniz, bizim arabayı alabiliriz.	Wenn ihr möchtet, können wir unser Auto nehmen.	
Sizi oraya götürmemi ister misin?	Möchtest du, dass ich euch dorthin bringe?	
Senin yerinde olsam, bileti internetten alırım.	An deiner Stelle würde ich das Ticket online kaufen.	
Önceden *rezervasyon yaptırmanı / bileti almanı* tavsiye ederim.	Ich würde dir empfehlen, vorher *zu reservieren / das Ticket zu kaufen.*	
Tavsiyemi dinle: Zahmete değmez.	Hör auf meinen Rat: Es ist die Mühe nicht wert.	

Gut zu wissen!
Seien Sie gegenüber Vorschlägen und Empfehlungen offen und bedanken Sie sich bei Ihrem Gesprächspartner mit *Öneriniz / Tavsiyeniz için teşekkür ederim!* (Danke für Ihren Vorschlag / Ihre Empfehlung!).
Falls Sie eine Empfehlung ausprobieren sollten, können Sie ruhig darüber berichten: *Tavsiye ettiğiniz yer / restoran / bar, çok güzeldi.* (Der Ort / Das Restaurant / Die Kneipe, den/das/die Sie empfohlen haben, war sehr schön.) – Türken freuen sich, wenn sie mit ihren Empfehlungen weiterhelfen können.

| Unterwegs in der Stadt

34 Restoranda
Im Restaurant

masa = Tisch *yer* = Platz (auch: Tisch)	Bir *masa / yer* ayırtmak istiyorum.	Ich möchte einen Tisch reservieren.
	Kaç kişilik?	Für wie viele Personen?
Näheres zu den Uhrzeiten finden Sie in Abschnitt 18.	Dört kişilik, saat yedi buçukta.	Für vier Personen, um 19.30 Uhr.
	Mümkünse, *cam kenarında / terasta / bahçede / sakin bir yerde* bir masa istiyoruz.	Nach Möglichkeit hätten wir gern einen Tisch *am Fenster / auf der Terrasse / im Garten / in einer ruhigen Ecke.*
	İyi akşamlar, … için bir rezervasyonumuz var.	Guten Abend, wir haben eine Reservierung auf den Namen …
	Bu iki yer boş mu acaba?	Sind diese zwei Plätze zufällig frei?
Vorsicht: In feineren Restaurants sollte man keinen Versuch machen, sich irgendwo dazuzusetzen.	Yanınıza otursak, *sizin için bir mahzuru var mı / sizin için bir sakıncası var mı?*	*Würde es Ihnen etwas ausmachen / Hätten Sie etwas dagegen,* wenn wir uns dazusetzen?
	Bir kokteyl rica edeyim.	Bringen Sie mir bitte einen Cocktail.
	Mönüyü alabilir miyiz lütfen?	Könnten wir bitte die Speisekarte haben?
	Bugünkü mönüde ne var?	Welche Tagesgerichte gibt es?
	Seçiminizi yaptınız mı?	Haben Sie gewählt?
	Soğuk yemek olarak bir karışık salata istiyorum.	Ich möchte einen gemischten Salat als Vorspeise.
	Ana yemek olarak som balıklı makarna rica edeyim.	Als Hauptgericht hätte ich gern Nudeln mit Lachs.

İçecek olarak (bir şişe) su istiyoruz.	Zu trinken möchten wir gern (eine Flasche) Wasser.
Su musluktan olsun, lütfen.	(Einfach) Leitungswasser, bitte.
Vejeteryanım.	Ich bin Vegetarier(in).
... karşı alerjim var.	Ich bin gegen ... allergisch.
Bu yemeği patatessiz alabilir miyim?	Kann ich dieses Gericht ohne Kartoffeln bekommen?
Onun yerine daha çok sebze alabilir miyim?	Könnte ich stattdessen mehr Gemüse bekommen?
Bifteği *az pişmiş / orta pişmiş / çok pişmiş* istiyorum.	Ich hätte das Steak gern *blutig / medium / durchgebraten*.
Bana *bir tane daha bıcak / yeni bir çatal / temiz bir kaşık* getirir misiniz lütfen?	Bringen Sie mir bitte *noch ein Messer / eine neue Gabel / einen sauberen Löffel*?
Doydum.	Ich bin satt.
Daha fazla yiyemeyeceğim.	Mehr schaffe ich nicht.
Ben tatlı almayacağım.	Für mich bitte kein Dessert.
Hesabı alabilir miyim lütfen?	Könnte ich bitte die Rechnung haben?
Hesabı paylaşalım, istersen.	Lass uns die Rechnung teilen.
Misafirimsin. Bunu ben ödüyorum.	Du bist mein Gast. Das übernehme ich.
O zaman gelecek sefere bende sıra.	Dann bin ich nächstes Mal dran.

su = Wasser ohne Kohlensäure
soda / maden suyu = Wasser mit Kohlensäure

Gut zu wissen!
In den meisten türkischen Restaurants wird am Tisch bestellt und bezahlt. Vergessen Sie am Ende nicht, Trinkgeld zu geben. Es ist ein wichtiger Bestandteil des Einkommens des Kellners und sollte etwa zehn Prozent des Gesamtpreises ausmachen. Achten Sie darauf, das Trinkgeld niemals direkt in die Hand zu geben – hierfür sind kleine Boxen oder Heftchen, mit denen die Rechnung kommt, bestimmt.

35 Alışveriş
Shopping

Bu, ne kadar?	Wie viel kostet das?
Maalesef bu bana fazla.	Das ist mir leider zu viel.
Bu, harcamak istediğimden fazla.	Das ist mehr, als ich ausgeben wollte.
Daha uygun bir şey var mı?	Gibt es etwas Günstigeres?
Size yardımcı olabilir miyim? – Teşekkür ederim, sadece bakıyorum.	Kann ich Ihnen helfen? – Danke, ich schaue nur.
Bir doğum günü hediyesi arıyorum.	Ich suche ein Geburtstagsgeschenk.
Sizde, yaşlı bir kişiye hitap eden bir şey var mı?	Haben Sie etwas, das einer älteren Person gefallen könnte?
… nerede bulabilirim? – Bir sonraki koridorda, üst köşede, en aşağıdaki rafta, solda.	Wo finde ich …? – Im nächsten Gang, am oberen Ende, im untersten Regal links.
Bunu alıyorum.	Ich nehme das.
Teşekkür ederim, bunu istemiyorum.	Danke, ich möchte das nicht.
Bedenim 38. Burada, buna hangi bedenin denk geldiğini bilmiyorum.	Ich habe Größe 38. Ich weiß nicht, welcher Größe das hier entspricht.
Bunun bir *büyük / küçük* bedeni var mı?	Gibt es das eine Nummer *größer / kleiner*?
Bunun başka bir rengi var mı?	Gibt es das in einer anderen Farbe?
Bunu deneyebilir miyim?	Kann ich das anprobieren?

In der Türkei gelten dieselben Kleidergrößen wie in Deutschland. Je nach Geschäft können Sie aber auch auf englische und italienische Größen stoßen.

Deneme kabini nerede?	Wo ist die Umkleidekabine?
Oldu mu?	Passt es?
Biraz *dar / bol / küçük / büyük* (oldu).	Es ist ein bisschen zu *eng / weit / klein / groß*.
Yakıştı size.	Es steht Ihnen.
Bu, bu cekete uyar mı?	Passt das zu dieser Jacke?
Bu, tam hayal ettiğim şey.	Es ist genau das, was ich mir vorgestellt habe.
Bu, tam aradığım şey değil.	Es ist nicht ganz das, was ich gesucht habe.
Bunu, hediye olarak paketleyebilir misiniz?	Können Sie es als Geschenk einpacken?
Poşetiniz var mı?	Haben Sie eine Tüte?
Şifrenizi girin, sonra oynalamak için OK tuşuna basın lütfen.	Geben Sie Ihre PIN ein und drücken Sie danach bitte die OK-Taste, um zu bestätigen.
Bu kart için şifre yok. İmzalamam gerekiyor.	Zu dieser Karte gibt es keine PIN. Ich muss unterschreiben.
Bana bozuk para verebilir misiniz?	Können Sie mir Kleingeld geben?
Bunu değiştirebilir miyim?	Kann ich das umtauschen?
Bunu geri vermek istiyorum.	Ich möchte das zurückgeben.
Makbuzunuz var mı?	Haben Sie (noch) die Quittung?
Aslında paramı geri almak istiyorum.	Eigentlich hätte ich gern mein Geld zurück.

olmak = passen (Größe)
yakışmak = passen (im Sinne von „jdm stehen")
uymak = (zueinander-)passen (Farbe / Stil)

In vielen Geschäften wird Ihnen anstelle einer Gelderstattung angeboten, Ware gegen Ware auszutauschen. Sie müssen dies aber nicht annehmen.

Gut zu wissen!
In der Türkei sind die Ladenöffnungszeiten weniger streng geregelt als in den deutschsprachigen Ländern. Einkaufszentren (*alışveriş merkezi*, abgekürzt: *AVM*) und größere Geschäfte (*dükkan*) haben in der Regel jeden Tag bis 22 Uhr geöffnet. Daneben gibt es in jedem Stadtviertel sogenannte *bakkal* (kleinere Lebensmittelgeschäfte), die bis spätabends oder sogar rund um die Uhr geöffnet haben.

36 Konaklama
In der Unterkunft

Boş odanız var mı?	Haben Sie ein freies Zimmer?
Bu gece için tek kişilik bir oda istiyorum.	Ich möchte ein Einzelzimmer für heute Nacht.
İki gece için çift kişilik bir oda istiyoruz.	Wir möchten ein Doppelzimmer für zwei Nächte.
Sakin bir oda / Arkaya bakan bir oda istiyoruz.	Wir möchten (gern) *ein ruhiges Zimmer / ein Zimmer, das nach hinten geht*.
Bir gece ne kadar?	Wie viel kostet eine Nacht?
Kahvaltı dahil mi?	Ist das Frühstück inbegriffen?
Odalarımızın tümünde banyo var.	Alle unsere Zimmer haben ein (eigenes) Bad.
Odalarımızın tümünde su ısıtıcısı, çay ve kahve mevcuttur.	In all unseren Zimmern gibt es einen Wasserkocher, Tee und Kaffee.
… adına üç gecelik bir rezervasyonumuz var.	Wir haben eine Reservierung für drei Nächte auf den Namen …
Kayıt formunu doldurur musunuz lütfen?	Können Sie bitte das Anmeldeformular ausfüllen?
Burasını imzalar mısınız lütfen?	Können Sie bitte hier unterschreiben?
Nasıl ödemek istiyorsunuz?	Wie wollen Sie bezahlen?
Odayı internet üzerinden ayırtıp ön ödeme yaptım. Kredi kartıma neden ihtiyacınız var?	Ich habe das Zimmer über das Internet gebucht und im Voraus bezahlt. Warum brauchen Sie meine Kreditkarte?

Auf einem
Anmeldeformular
begegnen Ihnen:
*giriş tarihi / çıkış
tarihi* (Ankunfts-
datum / Abreise-
datum), *ödeme türü*
(Zahlungsweise),
oda fiyatı (Zimmer-
preis) sowie *imza*
(Unterschrift).

Kartınızı okutmam gerekiyor, ama ödeme şimdi değil, çıkışta gerçekleşecek.	Ich muss Ihre Karte einlesen, aber die Bezahlung erfolgt nicht jetzt, sondern erst beim Check-out.
Peşin ödemek istiyorsanız, ön ödeme yapmanız gerekiyor.	Wenn Sie bar zahlen möchten, müssen Sie eine Anzahlung leisten.
Oda henüz hazır değil. Saat on ikiden itibaren giriş yapabilirsiniz.	Das Zimmer ist noch nicht fertig. Ab zwölf Uhr können Sie einchecken.
Bagajımı burada bırakabilir miyim?	Kann ich mein Gepäck hierlassen?
Kahvaltı saat kaçta (oluyor)?	Um wie viel Uhr ist Frühstück?
İnternetin şifresi nedir?	Wie ist das Passwort für das Internet?
Saç kurutma makinesi var mı?	Haben Sie einen Fön?
Şehir haritası var mı?	Haben Sie einen Stadtplan?
Asansör / Fitnes odası / Spa alanı nerede?	Wo ist der *Aufzug / Fitnessraum / Wellnessbereich*?
Bir gece uzatmak / Bir gece daha kalmak istiyoruz.	Wir möchten *um eine Nacht verlängern / noch eine Nacht bleiben*.
Çıkış yapmak / Hesabı ödemek istiyorum.	Ich möchte *auschecken / die Rechnung bezahlen*.
Hayır, minibardan bir şey almadım.	Nein, ich habe nichts aus der Minibar genommen.

Übrigens: Für den Fall, dass nicht alles Ihren Wünschen entspricht, finden Sie in Kapitel 32 wichtige Wendungen, um Ihre Beanstandungen loszuwerden.

Gut zu wissen!
In der Türkei sind neben Hotels (*otel*) Pensionen (*pansiyon*) weit verbreitet. Nicht nur sind Pensionen oft (aber nicht immer!) günstiger als Hotels, sie bieten auch eher die Möglichkeit, mit Einheimischen in Kontakt zu kommen. Probieren Sie es doch einfach mal aus und lernen Sie so „die türkische Welt von innen" kennen.

J

Freizeit

Ich ... gern ... / Ich mag es, ... zu ... / Ich liebe es, ... zu ... = Verbstamm + *meyi/ mayı severim*	Eski filmleri izlemeyi çok severim.	Ich schaue sehr gern alte Filme.
	Müzik dinlemeyi severim.	Ich höre gern Musik.
	Dışarıya çıkıp arkadaşlarımla kafede buluşmayı severim.	Ich gehe gern raus und treffe mich mit meinen Freunden im Café.
	Eve geldiğimde, aktif bir şey yapmayı severim.	Wenn ich nach Hause komme, mache ich gern etwas Aktives.
	Yemek yapmayı çoğu zaman ben üstlenip yeni yemek tarifleri denemeyi severim.	Ich übernehme meistens das Kochen und probiere gern neue Rezepte aus.
Ich interessiere mich für ... = Verbstamm + *mekle/makla* ilgilenirim oder Nomen + *le/la* ilgilenirim	Fotoğraf çekmekle ilgilenirim.	Ich interessiere mich für Fotografie.
	Bilgisayarla alakalı her şeyle / Bilgisayar oyunlarıyla ilgilenirim.	Ich interessiere mich für *alles, was mit Computern zu tun hat / Computerspiele.*
	En önemli hobim amatör tiyatrosudur.	Mein wichtigstes Hobby ist Amateurtheater.
	Ben, coşkulu bir bahçe tutkunuyum.	Ich bin begeisterter Hobbygärtner.
	Sudoku tiryakisiyim.	Ich bin süchtig nach Sudoku.
	Oldukça sık bit pazarlarına giderim.	Ich gehe ziemlich oft auf Flohmärkte.
	Parfüm şişelerini biriktiririm.	Ich sammle Parfümflakons.
	Kendime gitar çalmayı öğretiyorum.	Ich bringe mir das Gitarrenspiel bei.

Twitter'de / Skype'da / Facebook'ta çok zaman geçiririm.	Ich verbringe sehr viel Zeit *mit Twitter / mit Skype / auf Facebook.*
Örgü örmede – çoğunlukla da televizyonun karşısında – oldukça çok zaman geçiririm.	Ich verbringe ziemlich viel Zeit mit Stricken – meist vor dem Fernseher.
Kitap okurken çok güzel dinlenebiliyorum.	Beim Lesen kann ich mich sehr gut entspannen.
Seyahate çıkmak için her fırsatı değerlendiriyoruz.	Wir nehmen jede Gelegenheit wahr zu verreisen.
Köpeğim var; bu, evden çıkmama vesile oluyor.	Ich habe einen Hund; das hilft mir, aus dem Haus zu kommen.
Meltem, oldukça çok gönüllü iş yapıyor.	Meltem arbeitet ziemlich viel ehrenamtlich.
Tenis kulübümüzün başkanıyım.	Ich bin Vorsitzende(r) unseres Tennisclubs.
Çok okumam.	Ich lese nicht viel.
Siyasetle ilgilenmem.	Ich interessiere mich nicht für Politik.
Hobi olarak sayabileceğim bir şeyim yok.	Ich habe nichts, was ich als Hobby bezeichnen würde.
Sahip olduğum az boş zamanımı sakin bir şekilde geçirmek istiyorum.	Die wenige Freizeit, die ich habe, möchte ich ruhig verbringen.

Zusammengesetzte Substantive (z. B. „Tomatensuppe", „Kaffeemaschine", „Personalbüro", „Tennisclub") werden im Türkischen so ausgedrückt: Substantiv 1 gefolgt von Substantiv 2 + *(s)ı/i/u/ü*: *domates çorbası, kahve makinesi, personel bürosu, tenis kulübü.*

Gut zu wissen!
Auch Dinge, die Sie gerne machen oder für die Sie sich interessieren, gelten als Gewohnheiten und werden daher mit dem „Aorist" ausgedrückt (vergleichen Sie hierzu ausführlich Kapitel 15): *Müzik dinlemeyi severim.* (Ich höre [allgemein] gern Musik.)
Im Unterschied dazu werden Dinge, die momentan passieren und somit vorübergehend sind, mit der sogenannten „-yor-Gegenwart" ausgedrückt: *Kendime gitar çalmayı öğretiyorum.* (Ich bringe mir [gerade] das Gitarrenspiel bei.)

J

38 Spor
Sport

Yelken / Sörf / Su kayağı yaparım.	Ich *segle / (wind)surfe / fahre Wasserski*.
Jogging yaparım.	Ich gehe joggen.
Atletizm / Nordic-Walking yaparım.	Ich mache *Leichtathletik / Nordic-Walking*.
Kondisyon çalışması yaparım.	Ich mache Zirkeltraining.
İnline pateni yaparım.	Ich gehe inlineskaten.
Düzenli olarak pilatese giderim.	Ich gehe regelmäßig ins Pilates.
Hafta sonları çoğu zaman yürüyüşe gideriz.	Wir gehen am Wochenende meistens wandern.
Kışın *kayağa / uzun mesafe kayak yürüyüşüne* giderim.	Im Winter gehe ich *Ski fahren / langlaufen*.
Paten kaymaya / Kızak kaymaya giderim.	Ich gehe *Schlittschuh laufen / rodeln*.
Maraton koşarım.	Ich laufe Marathon.
Geçen sene *golfa / dövüş sporuna* başladım.	Ich habe letztes Jahr mit *Golf / Kampfsport* angefangen.
Dans etmeyi severim.	Ich tanze gern.
Tutuklu bir su sporcusuyum.	Ich bin begeisterte(r) Wassersportler(in).
Zumba'ya bayılırım.	Ich stehe total auf Zumba.
Ne kadar sık fitnese gidiyorsunuz?	Wie oft gehen Sie ins Fitnessstudio?
Haftada üç kere antrenman yapmaya çalışıyorum.	Ich versuche, drei Mal die Woche zu trainieren.

düzenli olarak = regelmäßig
her hafta = jede Woche
her gün = jeden Tag
bazen = manchmal
arasıra = ab und zu
nadiren = selten

Bir gezi turu yaptık.	Wir haben eine Rundwanderung gemacht.
Sahilde bir yürüyüş yolu var.	Es gibt einen Wanderweg an der Küste.
İşaretlenmiş yürüyüş yolları yok.	Es gibt keine markierten Wanderwege.
Dağ kılavuzu nerede bulabilirim?	Wo finde ich eine(n) Bergführer(in)?
Orası, ne kadar dik?	Wie steil ist es dort?
Burada iyi bir golf sahası biliyor musunuz?	Kennen Sie hier einen guten Golfplatz?
Bir tur golf oynamak ister misiniz?	Möchten Sie eine Runde Golf spielen?
İyi *golf / futbol* oynayamıyorum.	Ich spiele nicht gut *Golf / Fußball*.
Bugün aralıksız bir rüzgar var, ne çok hafif, ne de çok sert.	Heute gibt es eine (schöne) stetige Brise, nicht zu leicht, nicht zu steif.
Bir can yeleği ödünç alabilir miyim?	Kann ich eine Rettungsjacke ausleihen?
Bot, tam donanımlı mı?	Ist das Boot voll ausgestattet?
Bir fırtına uyarısı yapıldı.	Es wurde eine Sturmwarnung ausgegeben.

Zu *var* und *yok* vergleichen Sie Kapitel 15.

Bei der Anordnung „unbestimmter Artikel + Adjektiv + Substantiv" ändert sich die Reihenfolge: „ein schönes Mädchen" wird zu „schönes ein Mädchen" und heißt *güzel bir kız*.

Gut zu wissen!
Sport – und vor allem Fußball – ist in der Türkei ein wichtiges Thema. Es gibt drei große Fußballmannschaften (*Galatasaray*, *Beşiktaş* und *Fenerbahçe*), die nicht nur dafür sorgen, dass die Nation regelrecht in drei „Lager" gespalten ist, sondern auch genug Stoff für hitzige Diskussionen und landesweite Euphorie bieten. Versuchen Sie sich an diesen Diskussionen und vor allem an der Euphorie zu beteiligen – ein Erlebnis, das es in Deutschland meist nur bei Weltmeisterschaften gibt.

39 Sanat ve kültür
Kunst und Kultur

Müze, saat kaçta *açılıyor / kapanıyor*?	Wann *öffnet / schließt* das Museum?
Bir sonraki rehberlik turu ne zaman?	Wann ist die nächste Führung?
Almanca audi rehberiniz var mı?	Haben Sie einen deutschsprachigen Audio-Führer?
Katalog ne kadar?	Was kostet der Katalog?
Çantamı içeriye alabilir miyim?	Kann ich meine Tasche mit reinnehmen?
Fotoğraf çekmek serbest mi?	Ist es erlaubt zu fotografieren?
Picasso'nun tabloları hangi katta?	In welchem Stock sind die Gemälde von Picasso?
Sergi yarın açılıyor.	Die Ausstellung eröffnet morgen.
Dokunmayın.	Nicht berühren.
Donkunulabilecek teşhir parçalar / Interaktif parçalar var mı?	Gibt es *Exponate zum Anfassen / interaktive Exponate*?
Maket sandım, ama gerçekmiş.	Ich dachte, es wäre eine Attrappe, aber es ist echt.
Manzaraları / Natürmortları / Ressamların kendi portrelerini severim.	Ich mag *Landschaften / Stillleben / Selbstporträts*.
Modern sanatı pek sevmem.	Ich habe nicht viel übrig für moderne Kunst.
Bu akşam *operaya / tiyatroya / konsere* gitmek ister misiniz?	Möchten Sie heute Abend in *die Oper / das Theater / ein Konzert* gehen?

Den Genitiv bilden Sie so: Besitzer + *(n)ın/in/un/ün* gefolgt von Besitz + *(s)ı/i/u/ü: adamın arabası* (das Auto des Mannes), *Ayşe'nin annesi* (Ayşes Mutter), *çocuğun kolu* (der Arm des Kindes), *Zümrüt'ün gözlüğü* (Zümrüts Brille)

Giriş biletleri adıma ayırtıldı.	Die Eintrittskarten sind auf meinen Namen reserviert.
Fuayede buluşalım.	Treffen wir uns im Foyer.
Hangi oyun sahneleniyor?	Welches Stück wird aufgeführt?
Oyunu kim yazmış?	Wer hat das Stück geschrieben?
Kim *rejiyi yönetiyor / orkestrayı yönetiyor?*	Wer *führt Regie / dirigiert?*
Bu, *ilk gösterim / prömiyer.*	Es ist die *Uraufführung / Premiere.*
O, çok iyi eleştiriler aldı.	Er / Sie / Es hat sehr gute Rezensionen bekommen.
Bilet kaldı mı?	Sind noch Karten übrig?
Oyun ne zaman başlıyor?	Wann beginnt die Aufführung?
Perde arası var mı?	Gibt es eine Pause?
Hangi sırada oturuyoruz?	In welcher Reihe sitzen wir?
Pardon, sanırım, benim yerimde oturuyorsunuz.	Entschuldigung, ich glaube, Sie sitzen auf meinem Platz.
Baş oyuncu harikaydı.	Der (Die) Hauptdarsteller(in) war fantastisch.
Akustik harikaydı.	Die Akustik war großartig.
İki perdeliydi.	Es gab zwei Vorhänge.
İki ilave oldu.	Es gab zwei Zugaben.

parça = Stück (allgemein)
oyun / piyes = Theaterstück
eser / kompozisyon = Musikstück

ara = Pause (allgemein)
perde arası = Pause (im Theater)
teneffüs = Schulpause
mola = Rast

Gut zu wissen!
Vor allem in den Großstädten Istanbul, Ankara und Izmir finden Sie viele Opern, Theater und Konzertveranstaltungen. Museen gibt es verstreut überall in der Türkei. Fragen Sie beim Eintritt nach Ermäßigung (*Çocuk / Öğrenci / Emekli / Grup için indirim var mı?* – „Gibt es für Kinder / Schüler / Rentner / Gruppen Ermäßigung?") und sparen Sie sich auf diese Weise vielleicht ein wenig Geld.

40 Film ve müzik
Film und Musik

Canın sinemaya gitmek ister mi?	Hättest du Lust, ins Kino zu gehen?
Yeni James Bond filmini izleyebiliriz.	Wir könnten den neuen James-Bond-Film anschauen.
Süper olur. Seve seve.	Das wäre super. Gerne.
Sinemaya gitmeyi pek sevmiyorum.	Ich gehe nicht so gern ins Kino.
Aa, sinemaya mı gidiyorsunuz? Ben de katılabilir miyim?	Ach, ihr geht ins Kino? Kann ich mich anschließen?
Sinemada hangi filmler var?	Welche Filme laufen im Kino?
Bu film, hangi sinemada oynuyor?	In welchem Kino läuft dieser Film?
Seanslar, saat 18.30'da, 20.30'da ve saat 22.30'da.	Vorführungen sind um 18.30, 20.30 und 22.30 Uhr.
Geç matine var.	Es gibt eine Spätvorstellung.
Film, Türkiye'ye henüz gelmedi.	Der Film ist in der Türkei noch nicht angelaufen.
Film, sinemalara yeni geldi.	Der Film läuft gerade in den Kinos an.
Çckimlcr muhteşem.	Die Aufnahmen sind überwältigend.
Özel etkiler müthiş.	Die Spezialeffekte sind fabelhaft.
Eleştirilerin hepsi çok olumlu.	Die Kritiken sind alle sehr positiv.

Zu den Uhrzeiten vergleichen Sie ausführlich Kapitel 18.

Film, iki Oscar için aday gösterildi.	Der Film wurde für zwei Oscars nominiert.
Televizyonda ne var?	Was läuft im Fernsehen?
... en sevdiğim dizi. Tüm bölümlerin DVDleri bende var.	... ist meine Lieblingsserie. Ich habe alle Staffeln auf DVD.
... en yeni polisiye romanını biliyor musun?	Kennst du (schon) den neuesten Krimi von ...
... yeni cildini dört gözle bekliyorum.	Ich warte schon sehnsüchtig auf den nächsten Band von ...
... yeni oyunun inanılmaz bir grafiği var.	Das neueste Game von ... hat eine unglaubliche Grafik.
En yeni haber uygulamasını biliyor musun?	Kennst du schon die neueste Nachrichten-App?
Roxy'deki konsere gitmek ister misin?	Hättest du Lust, auf das Konzert im Roxy zu gehen?
Her cumartesi günü canlı müzik var.	Es gibt jeden Samstag Livemusik.
Gitarist / Baterist / Şarkıcı kim?	Wer ist der (die) *Gitarrist(in) / Schlagzeuger(in) / Sänger(in)*?
Harika / Berbat bir performanstı.	Es war ein *großartiger / miserabler* Auftritt.
Bu, müzik grubunun ilk albümü.	Das ist das Debütalbum der Band.
Single, müzik listelerinde ikinci sıraya yerleşti.	Die Single hat es auf Platz zwei in den Charts geschafft.
Bu yaz Türkiye'de turneye çıkacaklar.	Sie sind diesen Sommer auf Tournee in der Türkei.

Der Name des Autors steht hier im Genitiv! (Zum Genitiv siehe Kapitel 39)

Ordnungszahlen werden durch Anfügen von *(ı/i/u/ü)ncı/i/ u/ü* gebildet: *birinci, ikinci, üçüncü, dördüncü, beşinci* usw. Neben *birinci* gibt es *ilk* im Sinne von „allererste/r/s".

Gut zu wissen!
Musik ist ein wichtiger Bestandteil der türkischen Kultur und reicht von klassischer Musik über Volksmusik bis hin zur Popmusik. Volksmusik wird meist von Volkstänzen begleitet, die sehr unterschiedlich und regionsabhängig sind. Beispiele hierfür sind *Çiftetelli* in Thrakien, *Zeybek* in der Ägäis, *Horon* in der Schwarzmeerregion und *Halay* in Süd-/Ostanatolien.

K

Urlaub und Reise

41 Tatil programları ve gezi notları
Urlaubspläne und Reiseberichte

tatil: Urlaub (Ferien)
izin: Urlaub (Beruf)

Tatil programınız var mı?	Haben Sie Urlaubspläne?
Bu sene iznini ne zaman alacaksın?	Wann nimmst du dieses Jahr deinen Urlaub?
Daha birkaç izin günüm var. Bundan dolayı çarşamba ve perşembe günü izin alacağım.	Ich habe noch einige Urlaubstage übrig. Deswegen nehme ich mir Mittwoch und Donnerstag frei.
Perşembe resmi tatil, cuma gününü de izin alıp hafta sonunu uzatacağım.	Der Donnerstag ist ein Feiertag, also nehme ich mir Freitag als Brückentag und mache daraus ein langes Wochenende.
Noel ve yeni yıl arası şirket kapalı.	Die Firma ist zwischen Weihnachten und Neujahr geschlossen.
(Sadece) Okul tatillerin dışında seyahate çıkmaya çalışıyoruz.	Wir versuchen, (nur) außerhalb der Schulferien zu verreisen.
Çocuklarımız var, yani okul tatillerine bağlıyız.	Wir haben Kinder, also sind wir an die Schulferien gebunden.
İyi yolculuklar.	Gute Reise.
İyi tatiller.	Schönen Urlaub.
Döndüğünüzde görüşmek üzere.	Wir sehen uns, wenn Sie wieder da sind.
Tatilin nasıl geçti?	Wie war dein Urlaub?
Nereye gittin?	Wo bist du hingefahren?

Nerede kaldınız?	Wo habt ihr gewohnt?
Ne kadarlığına tatile gitmiştiniz?	Wie lange waren Sie verreist?
Kısa süreli bir tatil yaptık.	Wir haben einen Kurzurlaub gemacht.
Türkiye'ye gittik ve bir hafta Antalya'da geçirdik.	Wir sind in die Türkei geflogen und haben eine Woche in Antalya verbracht.
Bir tatil evi kiraladık.	Wir haben ein Ferienhaus gemietet.
Arkadaşlarla beraber bir ev tuttuk.	Wir haben mit Freunden zusammen ein Haus genommen.
Bir otelde / Bir pansiyonda kaldık.	Wir haben *in einem Hotel / in einer Pension* gewohnt.
Bir karavan kiralayıp iki hafta sağa sola gittik.	Wir haben ein Wohnmobil gemietet und sind zwei Wochen herumgereist.
Bir paket (tur) seyahati yaptık.	Wir haben eine Pauschal(rund)reise gemacht.
Bir gemi seyahati yaptık.	Wir haben eine Kreuzfahrt gemacht.
Güney Amerika'da sırt çantası seyahati yaptık.	Wir haben Rucksackferien in Südamerika gemacht.
Kaldığımız yer şöyle böyleydi, ama sahil hemen kapımızın önündeydi.	Die Unterkunft war so lala, aber der Strand war gleich vor unserer Tür.
Sahilde tembel tembel yattık.	Wir haben einfach am Strand gefaulenzt.

Vorübergehendes Wohnen, etwa im Urlaub, wird mit *kalmak* (bleiben, [vorübergehend] wohnen), nicht mit ~~oturmak~~ [langfristig] wohnen) ausgedrückt.

Gut zu wissen!
Die Sommerferien beginnen in der Türkei in der Regel Mitte Juni und dauern bis etwa Mitte September an. In dieser Zeit verlassen die meisten Türken – zumindest kurzzeitig – die Großstädte und residieren in ihren Sommerwohnungen bzw. -häusern (*yazlık*) außerhalb der Städte.

K

42 Yolda
Unterwegs

Cam kenarında / Koridorda bir yer rica edebilir miyim?	Könnte ich bitte einen Platz *am Fenster / am Gang* haben?
Bunu, el bagajı olarak uçağa alabilir miyim?	Darf ich das als Handgepäck mit ins Flugzeug nehmen?
Uçuşumu *değiştirmek / onaylatmak* istiyorum.	Ich möchte meinen Flug *umbuchen / bestätigen lassen.*
Havalimanına gelirken trafik tıkanıklığı vardı ve uçağımı kaçırdım.	Es gab Stau auf dem Weg zum Flughafen und ich habe meinen Flug verpasst.
Uçak rötarlı, ve aktarma yapacağım uçağa yetişir miyim bilmiyorum.	Der Flug ist verspätet und ich weiß nicht, ob ich meinen Anschlussflug noch bekomme.
Uçuş iptal edildi.	Der Flug ist annulliert worden.
Sanırım, benim yerimde oturuyorsunuz. Benim koltuk numaram 6B.	Ich fürchte, Sie sitzen auf meinem Platz. Meine Platznummer ist 6B.
Arabanın navigasyon sistemi var mı?	Hat das Auto ein Navi?
Araba dizel mi, benzinli mi?	Ist das Auto ein Diesel oder ein Benziner?
Yolumu şaşırdım.	Ich habe mich verfahren.
İzmit'e nasıl gideceğimi, bana söyleyebilir misiniz?	Können Sie mir sagen, wie ich nach Izmit komme?
Ücretsiz nerede park edebiliriz?	Wo können wir kostenlos parken?
Arabayı buraya park edebilir miyim?	Darf ich das Auto hier parken?

Für „Flughafen" können Sie *havalimanı* oder *havaalanı* verwenden.

Arabam arızalandı.	Ich habe eine Panne.
Trafik tıkanıklığına yakalandık.	Wir stehen im Stau.
Yol kapalı ve başka yöne yönlendirme var.	Die Straße ist gesperrt und es gibt eine Umleitung.
Ankara'ya *tek gidiş bileti / gidiş dönüş bileti* istiyorum.	Ich hätte gern eine *Einzelfahrkarte / Hin- und Rückfahrkarte* nach Ankara.
Ankara'ya giden tren, hangi perondan kalkıyor?	Von welchem Bahnsteig geht der Zug nach Ankara?
Bu tren, Eskişehir'de duruyor mu?	Hält dieser Zug in Eskişehir?
Bu otobüs, Truva'ya gidiyor mu?	Fährt dieser Bus nach Troja?
Nerede inmem gerektiğini, bana söyler misiniz lütfen?	Könnten Sie mir bitte sagen, wo ich aussteigen muss?
Merkez istasyonuna iki bilet, lütfen.	Zwei Fahrkarten zum Hauptbahnhof, bitte.
En uygun bilet hangisi?	Welche ist die günstigste Karte?
Bilet, tüm ağ alanında geçerli mi?	Gilt die Fahrkarte im gesamten Netzbereich?
Bilet otomatında sorun yaşıyorum. Bana yardım eder misiniz lütfen?	Ich habe ein Problem mit dem Fahrkartenautomaten. Könnten Sie mir bitte helfen?
Taksim meydanına gitmek için aktarma yapmam gerekiyor mu?	Muss ich umsteigen, um zum Taksim-Platz zu kommen?

uygun = günstig
ucuz = billig

Oder: *Bana yardımcı olur musunuz lütfen?*

Gut zu wissen!
Wollen Sie mit öffentlichen Verkehrsmitteln fahren, so haben Sie die Wahl zwischen U-/S-Bahn (*metro*), Bus (*otobüs*), Kleinbus (*minibüs*) und Sammeltaxi (*dolmuş*). Bei *metro* und *otobüs* gibt es feste Haltestellen und Preise. Beim *minibüs* und *dolmuş* können Sie hingegen überall auf der Fahrtstrecke ein- und aussteigen; der Fahrtpreis variiert dann je nach Strecke.

K

Urlaub und Reise

43 Geziler ve turlar
Ausflüge und
Besichtigungen

Birkaç gün buradayız …	Wir sind ein paar Tage hier …
… ve birkaç görülmeye değer yer görmek istiyoruz.	… und wollen uns ein paar Sehenswürdigkeiten anschauen.
… ve *şehri / çevreyi / bölgeyi* görmek istiyoruz.	… und möchten die *Stadt / Gegend / Region* sehen.
Bu çevrede, görülecek ve yapılacak neler var?	Was gibt es hier in der Gegend zu sehen und zu tun?
Bir şey *önerebilir / tavsiye edebilir* misiniz?	Können Sie etwas *vorschlagen / empfehlen*?
En önemli görülmeye değer yerler hangileridir?	Welche sind die wichtigsten Sehenswürdigkeiten?
Orada ilginç bir şey var mı?	Gibt es etwas (besonders) Interessantes dort?
Hangi gezileri yapabiliriz?	Welche Ausflüge können wir unternehmen?
Özel / Sıradışı bir şey arıyoruz.	Wir suchen etwas *Besonderes / Außergewöhnliches*.
Kültür fanatiği değiliz.	Wir sind keine Kulturfanatiker.
Meşhur bir … var.	Es gibt ein(e) berühmte(s) / bekannte(s) …
… *şato / katedral / anıt / müze / eski şehir merkezi* …	… *Schloss / Kathedrale / Denkmal / Museum / Altstadt.*
Şu ara bir festival var.	Zurzeit findet ein Festival statt.

Viele nützliche Sätze zum Thema „Vorschläge und Empfehlungen" finden Sie auch in Abschnitt 33.

şato = Schloss, Palast
saray = Schloss, Fürstenhof
kale = Burg

Bir *nehir / doğa koruma alanı / kuş koruma alanı / milli park* var.	Es gibt ein(en) *Fluss / Naturschutzgebiet / Vogelschutzgebiet / Nationalpark*.
Kanal boyunca / Adaya / Liman etrafında bot turları var.	Es gibt Bootstouren *entlang dem Kanal / zur Insel hinaus / rund um den Hafen*.
Cezirde adaya yürüyerek gidilebilir.	Man kann bei Ebbe zur Insel laufen.
Orası, ne kadar uzaklıkta?	Wie weit ist es bis dorthin?
(Oraya gitmek,) Ne kadar sürer?	Wie lang dauert es(, um dorthin zu kommen)?
Açılış saatleri nedir?	Wie sind die Öffnungszeiten?
Giriş ne kadar?	Wie viel kostet der Eintritt?
Çocuk / Öğrenci / Emekli için indirim var mı?	Gibt es Ermäßigungen für *Kinder / Schüler / Rentner*?
Bir sonraki rehberlik turu ne zaman?	Wann ist die nächste Führung?
Almanca bir *broşürünüz / kılavuzunuz* var mı?	Haben Sie einen *Prospekt / Führer* auf Deutsch?
Şehir turu ne kadar sürüyor?	Wie lange dauert die Stadtrundfahrt?
Camiyi gezebilir miyiz?	Können wir die Moschee besichtigen?

Öğrenci heißt sowohl „Schüler" als auch „Student". Das Wort „Student" können Sie durch die Erweiterung *üniversite öğrencisi* deutlich machen.

Gut zu wissen!
Neben Museen u. Ä. können Sie in der Türkei auch viele Moscheen besichtigen. Dabei sind allerdings einige Verhaltensregeln zu beachten: So sollten Sie auf angemessene Kleidung achten und vor dem Betreten der Moschee unbedingt Ihre Schuhe ausziehen. Bei Frauen gilt zudem, den Kopf und eventuell freiliegende Schultern mit einem Tuch zu bedecken. Achten Sie auch darauf, nicht gerade zu den Gebetszeiten (vor allem zum Freitagsgebet) zu kommen, da Ihnen zu dieser Zeit eventuell der Eintritt verwehrt werden kann.

K

Urlaub und Reise

44 Spa ve dinlenme
Wellness und Erholung

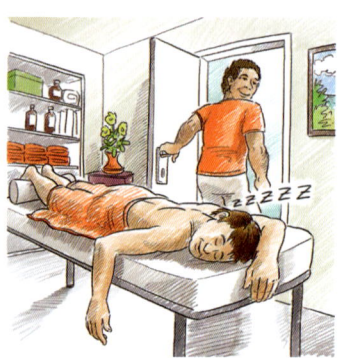

„Wellness" wird als *spa* bezeichnet und ist in der Türkei erst allmählich im Kommen – Sie finden entsprechende Angebote vor allem in europäisch orientierten Hotels und Resorts.

Otelde *sauna / buhar banyosu / hamam* var mı?	Gibt es im Hotel *eine Sauna / ein Dampfbad / ein türkisches Dampfbad*?
Yoga salonunuz / Meditasyon salonunuz var mı?	Haben Sie einen *Yogaraum / Meditations*raum?
Yüzme havuzu / Spa alanı ne zaman açık?	Wann hat *der Pool / der Wellnessbereich* geöffnet?
Randevu almam gerekiyor mu?	Muss ich einen Termin vereinbaren?
Havlu getirmem gerekiyor mu?	Muss ich ein Handtuch mitbringen?
Bornoz ve terlikler (ücretsiz) tahsis ediliyor mu?	Werden Bademäntel und Badesandalen (kostenlos) zur Verfügung gestellt?
Ne tür *masaj / kozmetik uygulamaları* sunuyorsunuz?	Welche Art von *Massagen / Kosmetikanwendungen* bieten Sie an?
Ayurveda masajı / Japon masajı / Sağlık masajı sunuyor musunuz?	Bieten Sie *Ayurveda-Massagen / Akupressur-Massagen / medizinische* Massagen an?
Detoksikasyon programını yapmak istiyorum.	Ich möchte gern das Entgiftungsprogramm machen.
Pedikür / Manikür / Yakı / Antiaging yüz bakımı / Beden pilingi yaptırmak istiyorum.	Ich möchte gern ein(e) *Pediküre / Maniküre / Fangopackung / Anti-Aging-Gesichtsbehandlung / Ganzkörper-Peeling* machen lassen.
Masaj için randevum var.	Ich habe einen Termin für eine Massage.

11:30'da *aroma terapisi / ayak masajı* için randevum var.	Ich habe um 11.30 Uhr einen Termin für eine *Aromatherapie / Fußmassage*.
Yosun banyosu için bir hediye çekim var.	Ich habe einen Gutschein für ein Meeresalgenbad.
Alerjisi olanlar için cilt bakım ürünleriniz var mı?	Haben Sie Hautpflegeprodukte für Allergiker?
Ne tür sauna kokuları kullanılıyor?	Welche Saunaaufgüsse werden verwendet?
Bayan saunası da var mı?	Gibt es auch eine Damensauna?
Sırtımda kas tutulması / Sağ omuzumda ağrım var.	Ich habe *Muskelverspannungen im Rücken / Schmerzen in der rechten Schulter*.
Sol ayağımı tedavi ederken, lütfen dikkatli olun.	Seien Sie bitte vorsichtig, wenn Sie meinen linken Fuß behandeln.
Yogadan sonra kendimi her zaman çok iyi hissederim.	Nach dem Yoga geht es mir immer sehr gut.
Güzel bir masajda en iyi dinlenirim.	Am besten entspanne ich bei einer guten Massage.

In der Türkei sind Saunas und Dampfbäder für Damen und Herren getrennt. Erkundigen Sie sich am besten im Voraus nach den Sauna- und Dampfbadregeln, um Fettnäpfchen zu vermeiden.

Gut zu wissen!
Wenn Sie als Sprecher jemanden veranlassen wollen, etwas zu tun, so verwenden Sie den „Kausativ", der folgendermaßen gebildet wird:
- Bei mehrsilbigen Verbstämmen, die auf einen Vokal oder auf die Konsonanten *l* oder *r* auslauten: Verbstamm + *t* + Infinitivendung. So wird z. B. *beklemek* (warten) zu *bekletmek* (warten lassen), *yıkamak* (waschen) zu *yıkatmak* (waschen lassen) und *azalmak* (weniger werden) zu *azaltmak* (weniger werden lassen, vermindern).
- Bei allen anderen Verbstämmen: Verbstamm + *dir/tir/dır/tır/dür/tür/dur/tur* + Infinitivendung. So wird z. B. *demek* (sagen) zu *dedirmek* (sagen lassen), *yazmak* (schreiben) zu *yazdırmak* (schreiben lassen) und *çalışmak* (arbeiten) zu *çalıştırmak* (arbeiten lassen).

L

Am Telefon

Im privaten Kontext meldet sich die angerufene Person meist mit *Alo?* (Hallo?) oder *Efendim?* (Bitte?), niemals aber mit dem Nachnamen.

Merhaba, ben Almanya'dan Martina.	Hallo, hier ist Martina aus Deutschland.
Aa, sesini tekrar duymak ne güzel!	Ach, wie schön, deine Stimme mal wieder zu hören!
Uzun zamandır senden haber alamadım.	Ich habe eine ganze Weile nichts von dir gehört.
Daha önce aramadığım için, sana karşı mahcubum.	Ich schäme mich, weil ich mich nicht früher (bei dir) gemeldet habe.
Sorun değil.	Kein Problem.
Ee, nasılsın?	Nun, wie geht's denn so?
Seni arıyorum, çünkü …	Ich rufe an, weil …
Türkiye'ye gelmeyi planlıyorum.	Ich plane, in die Türkei zu kommen.
Seni ziyaret etmek istiyorum.	Ich würde dich gerne besuchen.
Öylesine aramak istedim.	Ich wollte einfach so mal anrufen.
Merhaba, benim.	Hallo, ich bin's.
Biraz vaktin var mı?	Hast du ein wenig Zeit?
Müsait misin?	Passt es dir gerade?
Umarım, rahatsız etmiyorumdur.	Ich hoffe, ich störe nicht.
Şu anda pek müsait değilim. Seni sonra arayabilir miyim?	Es passt im Moment nicht so gut. Kann ich dich später anrufen?
Saat kaça kadar seni arayabilirim?	Bis wie viel Uhr kann ich dich anrufen?

Beachten Sie bei zeitlichen Absprachen, dass in der Türkei eine Zeitverschiebung von einer Stunde besteht: Ist es in Deutschland 11 Uhr, so ist es in der Türkei 12 Uhr.

Evdeyim. Beni sabit hattan arayabilir misin?	Ich bin zu Hause. Kannst du mich auf dem Festnetz anrufen?
Numaram var mı sende?	Hast du meine Nummer?
Yeni bir cep telefonu numaram var.	Ich habe eine neue Handynummer.
Mehtap orada mı? Onunla konuşabilir miyim?	Ist Mehtap da? Kann ich mit ihr sprechen?
Üzgünüm, şimdi dışarıya çıktı. Ama ona cep telefonundan ulaşabilirsin.	Tut mir leid, sie ist gerade aus dem Haus gegangen. Aber du erreichst sie auf ihrem Handy.
Ona, beni aramasını söyler misin lütfen?	Kannst du ihr bitte sagen, dass sie mich zurückrufen soll?
Şarjım bitmek üzere.	Mein Akku ist gleich leer.
Telefonum burada pek çekmiyor.	Mein Telefon hat hier kein sehr gutes Signal.
Seni duyuyorum. Sen beni duyabiliyor musun?	Ich höre dich (gut). Kannst du mich hören?
Telefonu kapatıp tekrar arıyorum.	Ich lege auf und rufe noch einmal an.
Özür dilerim, bağlantı bir anda koptu.	Tut mir leid, die Verbindung war auf einmal unterbrochen.

> **Gut zu wissen!**
> Gerade für längere Telefonate ins Ausland eignet sich Internet-Telefonie. Vorreiter ist hier der Anbieter Skype™, über den Sie nicht nur günstig per Computer telefonieren, sondern mithilfe einer Webcam Ihren Gesprächspartner auch sehen können. Verabreden können Sie sich mit türkischsprachigen Freunden folgendermaßen: *Bu akşam Skype'ta görüşelim mi?* (Wollen wir uns heute Abend auf Skype treffen?); *Skype'tayım; sen de gelsene.* (Ich bin auf Skype; komm du doch auch.); *Kullanıcı adım Hueby089.* (Mein Nutzername ist Hueby089.)

46 İş telefon görüşmeleri
Geschäftliche Telefongespräche

Bei geschäftlichen Telefonaten meldet man sich üblicherweise mit dem Vor- und Nachnamen.

İyi günler, Gülen Elektronik. Size nasıl yardımcı olabilirim?	Guten Tag, Gülen Elektronik. Wie kann ich Ihnen helfen?
Maygaz A.Ş., ben Semra Yıldız.	Maygaz A.Ş., Semra Yıldız am Apparat.
Ben Hubert Meyer, Hamburg'tan arıyorum.	Hier ist Hubert Meyer, ich rufe aus Hamburg an.
Ben, Max Şirketi'nden Bernd Schneider. Nasılsınız?	Hier ist Bernd Schneider von der Firma Max. Wie geht es Ihnen?
Zeynep Öztürk ile görüşebilir miyim lütfen?	Kann ich mit Zeynep Öztürk sprechen, bitte?
Ahmet Toprak ile görüşmek istiyorum.	Ich würde gern mit Ahmet Toprak sprechen.
Bir saniye lütfen, bağlıyorum.	Einen Moment bitte, ich stelle Sie durch.
Kenan orada mı? – Bir saniye, çağırayım.	Ist Kenan da? – Einen Augenblick, ich rufe ihn.
İsminizi bir iş arkadaşımdan aldım.	Ihren Namen habe ich von einer Kollegin.
Münih'teki fuarda tanışmıştık.	Wir haben uns auf der Messe in München kennengelernt.
Sizin için ne yapabilirim?	Was kann ich für Sie tun?
Neyin söz konusu olduğunu sorabilir miyim?	Darf ich fragen, worum es geht?
Son siparişinizle ilgili arıyorum.	Ich rufe wegen Ihrer letzten Bestellung an.
Bir görüşme / Bir randevu kararlaştırmak istiyorum.	Ich möchte *ein Treffen / einen Termin* vereinbaren.

Maalesef araya başka bir iş girdi. Randevumuzu *ertelemem / iptal etmem* gerekiyor.	Es ist leider etwas dazwischengekommen. Ich muss unseren Termin *verschieben / absagen*.
Başka bir toplantı iptal edildi. Dolayısıyla görüşmemizi öne alabiliriz.	Eine andere Sitzung wurde abgesagt. Deswegen könnten wir unser Treffen vorziehen.
(Bununla) Siz mi ilgileniyorsunuz?	Sind Sie (dafür) zuständig?
Hayır, ama bir saniye beklerseniz, size yardımcı olabilecek birini bulurum.	Nein, aber wenn Sie einen Moment warten, finde ich jemanden, der Ihnen helfen kann.
Lütfen hatta kalın. Müşteri temsilcilerimizden biri çağrınıza cevap verecek.	Bitte bleiben Sie in der Leitung. Einer unserer Kundenberater wird Ihren Anruf gleich entgegennehmen.
Gecikme için affedersiniz.	Bitte entschuldigen Sie die Verzögerung.
Size numaramı vereyim. Ülke kodu kırk dokuz, şehir kodu yedi yüz elli yedi, benim numaram da …	Ich gebe Ihnen meine Nummer. Die Ländervorwahl ist 49, die Ortsvorwahl ist 757, und meine Nummer ist …
Dahilim …	Meine Durchwahl ist …
Numarayı maalesef tam anlayamadım.	Ich habe die Nummer leider nicht ganz mitbekommen.
Numarayı tekrarlayabilir misiniz lütfen?	Können Sie die Nummer bitte wiederholen?

Hinweise dazu, wie Sie Telefonnummern angeben sollten, finden Sie auf Seite 99.

Gut zu wissen!
Wenn Sie mit Ihren türkischsprachigen Geschäftspartnern telefonieren, denken Sie daran, zunächst nach dem Befinden zu fragen (*Nasılsınız?*) und ein wenig Small Talk zu betreiben, bevor Sie auf das Geschäftliche zu sprechen kommen. Dafür eignen sich beispielsweise Wendungen aus den Kapiteln 2 und 10.

47 Mesaj bırakmak
Eine Nachricht hinterlassen

Dilek Hanım'a maalesef ulaşılamıyor. O, şu anda …	Frau Dilek ist leider nicht erreichbar. Sie ist gerade …
… *bir toplantıda / iş seyahatinde / meşgul.*	… *in einer Sitzung / auf Geschäftsreise / beschäftigt.*
… *yemekte / yerinde değil / ofiste değil / dışarıda.*	… *beim Essen / nicht an ihrem Platz / nicht im Büro / außer Haus.*
Ona, bir şey iletmemi ister misiniz?	Möchten Sie, dass ich ihr etwas ausrichte?
Mesaj bırakmak ister misiniz?	Wollen Sie eine Nachricht hinterlassen?
Sizi geri arasın mı?	Soll sie Sie zurückrufen?
Evet, lütfen. Çok iyi olur.	Ja, bitte. Das wäre sehr gut.
Yok, teşekkür ederim. Sonra tekrar ararım.	Nein, danke. Ich rufe später noch einmal an.
Biraz zor ulaşılabilir olacağım.	Ich werde etwas schwer zu erreichen sein.
Bir sürü toplantım var.	Ich habe eine Reihe von Sitzungen.
Saat kaçta tekrar orada olur?	Um wie viel Uhr ist sie wieder da?
Yarım saat sonra tekrar arayabilirsiniz.	Sie können in einer halben Stunde nochmals anrufen.
(Tam olarak) Saat kaçta tekrar burada olacağını maalesef bilmiyorum.	Ich weiß leider nicht, um wie viel Uhr (genau) sie wieder da sein wird.
Ona, (sadece) aradığımı söyler misiniz lütfen?	Könnten Sie ihr bitte (einfach) ausrichten, dass ich angerufen habe?

Das Futur im Türkischen wird wie folgt gebildet: Verbstamm + -(y)ecek/acak + Personalendung. Für das Verb *gelmek* (kommen) z. B. sehen die Formen wie folgt aus: *(ben) geleceğim, (sen) geleceksin, (o) gelecek, (biz) geleceğiz, (siz) geleceksiniz, (onlar) gelecekler;* für das Verb *olmak* (sein) hingegen: *(ben) olacağım, (sen) olacaksın, (o) olacak, (biz) olacağız, (siz) olacaksınız, (onlar) olacaklar.*

Ona, beni aramasını söyler misiniz lütfen?	Könnten Sie ihr bitte sagen, dass sie mich anrufen soll?
Numaranız var mı onda?	Hat er Ihre Nummer?
Telefon ekranında gösterilen numara mı?	Ist es die Nummer, die auf dem Telefondisplay angezeigt wird?
Bir saniye lütfen, kalem kağıt alayım.	Einen Moment bitte, ich hole Stift und Papier.
Evet, dinliyorum.	Ja, ich höre.
Özür dilerim, 9609 muydu?	Entschuldigung, war das 9609?
Pardon, Adana'nın A'sı mı?	Entschuldigung, (sagten Sie) A wie in Adana?
Numarayı tekrarlıyorum.	Ich wiederhole die Nummer.
Aylin'in telesekreteri. Sinyal sesinden sonra bana bir mesaj bırakabilirsiniz.	Hier ist Aylins Anrufbeantworter. Sie können mir nach dem Signalton eine Nachricht hinterlassen.
Ben Taylan Demir; Selin Kiraz için bir mesaj bırakmak istiyorum. Lütfen mailine bakıp benimle temasa geçebilir mi?	Hier spricht Taylan Demir; ich möchte eine Nachricht für Selin Kiraz hinterlassen. Kann sie bitte ihre E-Mails ansehen und sich mit mir in Verbindung setzen?
Her ihtimale karşı size tekrar telefon numaramı veriyorum: ...	Ich gebe Ihnen vorsichtshalber noch einmal meine Nummer: ...

Der Aorist wird neben Gewohnheiten und wiederkehrenden Handlungen (siehe Kapitel 15) auch für höfliche Bitten verwendet: *Beni arar mısın?* (Könntest du mich anrufen?), *Bunu ona söyler misiniz?* (Könnten Sie ihm das sagen?)

Hinweise zum Buchstabieren im Türkischen finden Sie auf der hinteren Umschlaginnenseite.

Gut zu wissen!
Telefonnummern werden im Türkischen in „Zweier-" oder „Dreierpaketen" angegeben. Eine Ausnahme ist die Zahl 0 am Anfang von Nummern, die einzeln als *sıfır* angegeben wird. Die Vorwahl 0090 lautet also *sıfır sıfır doksan*; die Nummer 0212-3589723 hingegen *sıfır iki yüz on iki - üç yüz elli sekiz doksan yedi yirmi üç.*
Hinweise zu den Zahlen im Türkischen finden Sie im Anhang.

48 Yer ayırtmak ve sipariş etmek
Reservieren und bestellen

Nützliche Sätze
für den Besuch im
Restaurant finden
Sie in Kapitel 34.

Bir masa ayırtmak istiyorum.	Ich möchte einen Tisch reservieren.
Saat 19.30'a dört kişilik bir masa.	Einen Tisch für vier Personen um 19.30 Uhr.
Restoranın sakin bir kısmında bir masa istiyoruz.	Wir hätten gern einen Tisch in einem ruhigen Teil des Restaurants.
Dışarıda yeriniz var mı?	Haben Sie einen Platz draußen?
Elimde en erken masa saat 21:00'de.	Das Früheste, was ich anbieten kann, ist 21.00 Uhr.
Masayı, hangi isme ayırtayım?	Auf welchen Namen soll ich den Tisch reservieren?
Maalesef boş masamız kalmadı.	Wir haben leider keinen freien Tisch mehr.
Gerçekten hiç mi boş masanız kalmadı?	Haben Sie wirklich gar keinen Tisch mehr frei?
Yemek siparişi vermek istiyorum.	Ich möchte etwas zum Essen bestellen.

Sprechen Sie *pizza*
mit einem stimm-
haften *s* aus.

İki salamlı pizza, lütfen.	Zwei Pizza Salami, bitte.
37 ve 69 numara, lütfen.	Die Nummer 37 und die 69, bitte.
İsminiz ne(ydi)?	Wie ist Ihr Name?
Adres ne(ydi)?	Wie lautet die Adresse?
Cep telefonu numaranızı alabilir miyim lütfen?	Kann ich bitte Ihre Handynummer haben?
Bir taksi istiyorum.	Ich möchte ein Taxi (bestellen).

Yarın sabah için, havalimanına.	Für morgen früh, zum Flughafen.
Dört kişilik. Bagajımız da olacak.	Für vier Personen. Wir werden auch Gepäck dabeihaben.
Havalimanına tahminen ne kadar sürer?	Wie lange dauert es in etwa zum Flughafen?
Bu gece için boş bir odanız var mı?	Haben Sie für heute Nacht ein Zimmer frei?
Kaç sıralarında geleceksiniz? – Aşağı yukarı saat 14:00'de.	Wann werden sie in etwa (an)kommen? – So ungefähr um 14 Uhr.
"Kelebeğin Rüyası", saat sekiz seansına iki bilet almak istiyorum.	Ich hätte gern zwei Karten für die 20-Uhr-Vorstellung von „Kelebeğin Rüyası".
Bu akşam için bilet var mı?	Gibt es für heute Abend (noch) Karten?
İzlemek için en iyi yer neresi?	Wo hat man die beste Sicht?
İsminizi ve kredi kart bilgilerinizi alabilir miyim lütfen?	Könnte ich bitte Ihren Namen und Ihre Kreditkarteninformationen haben?
İlk sırada, 14 ve 17 nolu koltuklar için biletim var.	Ich habe Tickets für die Plätze 14 und 17 in der ersten Reihe.

Zum Thema „Unterkunft" siehe auch Kapitel 36.

ungefähr = *yaklaşık (olarak) / aşağı yukarı / takribi*

Gut zu wissen!
In der Türkei sehen Adressen häufig so aus:

Ayazma Mahallesi	Stadtviertel (*mahalle*)
Mehmet Paşa Sokağı,	Straße (*sokak*),
Özlem Apartmanı 15/3	Apartment (*apartman*) Straßennr./Apartmentnr.
Kanlıca – İstanbul	Stadtteil (*semt*) – Stadt (*şehir*)
Türkiye	Land (*ülke*)

Nach Ihrer Adresse werden Sie folgendermaßen gefragt:
Adres / Adresiniz ne(ydi)? (Wie lautet die / Ihre Adresse?)
Antworten können Sie wie folgt: *Adresim …* (Meine Adresse ist …)

M

49 Mesajlaşmak
SMS und Messaging

Die Grußformel *selamünaleyküm*, die ursprünglich einen religiösen Charakter hat, wird heute auch von vielen jungen Menschen verwendet. Auf *selamünaleyküm* folgt als Gegengruß *aleykümselam*.

slm = selam	hallo
mrb = merhaba	hallo
s.a = selamünaleyküm	grüß Gott / hallo
a.s = aleykümselam	grüß Gott / hallo
nbr? = ne haber?	wie geht's?
nsl? = nasılsın?	wie geht's dir?
i / iim = iyiyim	(es geht mir) gut
nrd? = nerede?	wo?
ist = Istanbul	Istanbul
ank = Ankara	Ankara
nzm? = ne zaman?	wann?
bgn = bugün	heute
yrn = yarın	morgen
snr = sonra	später
e = evet	ja
h = hayır	nein
tm / tmm = tamam	in Ordnung
ltf = lütfen	bitte
tşk = teşekkür ederim	danke
inş = inşallah	hoffentlich
tbr = tebrikler	Gratulation
cvp = cevap	Antwort
hbr = haber	Nachricht
msj = mesaj	SMS / Nachricht

Parallel zu vielen türkischen Abkürzungen verwendet man auch englische Abkürzungen, die zum Teil aber modifiziert werden, z.B. *ok / oki* = okay, *pls* [please] = bitte.

tlf = telefon	Telefon
k.b = kusura bakma	tut mir leid / Entschuldigung
m.d = müsait değilim	bin beschäftigt
h.o = haberin olsun	damit du Bescheid weißt
cnm = canım	Schatz / Schätzchen
aşkm = aşkım	Schatz / Liebling
ss = seni seviyorum	ich liebe dich
sçs = seni çok seviyorum	ich liebe dich sehr
öpt = öptüm	Küsschen
kib = kendine iyi bak	pass auf dich auf
Aeo = Allah'a emanet ol	Gott beschütze dich / pass auf dich auf
ii gnlr = iyi günler	einen schönen Tag (noch)
ii gclr = iyi geceler	gute Nacht
grşrz = görüşürüz	bis bald
gg = güle güle	tschüss

In Kapitel 50 finden Sie viele weitere Abkürzungen, die Sie auch beim Simsen verwenden können.

Neben *öpt* gibt es auch die lautmalerische Variante *mucuk* (Küsschen).

Oder englisch: *by* [bye]

Gut zu wissen!
Im Türkischen entstehen viele Abkürzungen für Kurz- und Chatnachrichten (zu Letzterem siehe das nächste Kapitel), indem die Vokale einfach weggelassen werden (*selam, nerede*) oder indem die Anfangsbuchstaben meh- rerer Wörter aneinandergereiht werden (*k.b = kusura bakma, m.d = müsait değilim*). Ob Sie die Abkürzungen klein- oder großschreiben, spielt dabei keine Rolle. „Jemandem eine SMS schreiben / schicken" übersetzt man übrigens mit *birine mesaj yazmak / atmak: Vardığında bana bir mesaj yaz / at.* (Schreib / Schick mir eine SMS, wenn du angekommen bist.)

M

**Medien und
Kommunikation**

Chat yapmak ve
sosyal medya
Chatten und
soziale Medien

chat yapmak =
chatten, d. h. sich
mit jemandem via In-
ternet unterhalten

paylaşmak =
posten / teilen,
d. h. einen Beitrag
veröffentlichen

yorum yapmak =
einen Beitrag
kommentieren

beğenmek = liken,
d. h. den „Gefällt-
mir-Knopf" drücken

eklemek = adden,
d. h. jemanden in
seine Kontaktliste
aufnehmen

Beim Chatten werden
viele englische Ab-
kürzungen verwen-
det. Entsprechende
türkische Abkürzun-
gen existieren zum
Teil (noch) nicht.

Chat yapmak ister misin?	Willst du chatten?
Facebook'ta chate gel.	Komm in den Chat auf Facebook.
Cumartesi günü Google'de chat?	Am Samstag Chat auf Google?
Bunu sayfanda paylaş.	Poste das auf deiner Seite.
Bu linki paylaş.	Teile diesen Link.
Bu resmi beğendim.	Mir gefällt dieses Bild.
h.g = hoş geldin	willkommen
h.b = hoş bulduk	danke
ndn? = neden?	warum?
nrd? = nerede?	wo?
nzm? = ne zaman?	wann?
cso = canın sağ olsun	nichts für ungut
b.ş = bol şans	viel Glück
tm / tmm = tamam	in Ordnung
np [no problem] = sorun değil	kein Problem
lol [laughing out loud] / ahahaha	Gelächter / hahahaha
rofl [rolling on the floor laughing] = gülmekten yerlere yattım	ich wälze mich vor Lachen am Boden
omg [oh my god] = aman Tanrım	oh mein Gott

@ [at]	an / für
lcv = lütfen cevap ver	antworte bitte
pm [private message] / öm = özel mesaj	Privatnachricht
afk [away from keyboard] = bilgisayar başında değilim	(bin) nicht am Computer
brb [be right back] = hemen döneceğim	bin gleich zurück
bbl [be back later] = daha sonra döneceğim	bin später zurück
syl [see you later] / s.g = sonra görüşürüz	bis nachher / später
snr knşrz = sonra konuşuruz	wir sprechen uns später
i.u = iyi uykular	schlaf schön
grşrz = görüşürüz	bis bald
by [bye] / cu [see you] / gg = güle güle	tschüss

Mit @ können Sie in einem größeren Chat deutlich machen, an wen sich der Beitrag richtet: *@Cansu: Bunu beğendim!* (an Cansu: Das gefällt mir!)

Gut zu wissen!
Viele der in Kapitel 49 genannten Kürzel werden natürlich auch in Chats und Posts verwendet. Sollten Sie sich bei der praktischen Anwendung anfangs schwer tun, beobachten Sie die Beiträge türkischsprachiger „Freunde" in sozialen Netzwerken und fühlen Sie sich langsam in diese neue „Sprache" ein.

M

Medien und Kommunikation

51 Mailleşmek ve dijital dosyaları paylaşmak
Mailen und digitale Daten teilen

Zu den Anrede-
formen vergleichen
Sie Kapitel 1.

Sayın *Ahmet Bey / Ayşe Hanım / Bay Schmidt / Bayan Müller,* ...	Sehr geehrte(r) *Herr Ahmet / Frau Ayşe / Herr Schmidt / Frau* Müller, ...
Sevgili *Necmiye / Necati,* ...	Liebe(r) *Necmiye / Necati,* ...
Merhaba Hüseyin, ...	Hallo Hüseyin, ...

Mögliche Bezeich-
nungen: *mail, e-mail,
e-posta, elektronik
posta*

Weitere Hinweise zu
förmlicherer Korres-
pondenz finden Sie in
Kapitel 52.

Mailin / Mailiniz için teşekkür ederim.	Danke für *deine E-Mail / Ihre E-Mail.*
Bu mail ile, pazartesi günkü sorunuza yanıt vermek istiyorum.	Mit dieser Mail möchte ich auf Ihre Anfrage vom Montag antworten.
Bu, sizi güncel durum hakkında bilgilendirmek için kısa bir *mail / haber*.	Dies ist eine kurze *Mail / Nachricht*, um Sie über den aktuellen Stand zu informieren.
Bu kadar geç cevap verdiğim için özür dilerim.	Bitte entschuldigen Sie, dass ich erst so spät antworte.
İlgili dosyayı size ekte gönderiyorum.	Ich schicke Ihnen die betref- fende Datei im Anhang zu.
Ayrıntıları ekteki pdf dosyasında bulabilirsiniz.	Die (genauen) Einzelheiten finden Sie in der angehäng- ten PDF-Datei.
Maalesef eki unutmuşsunuz.	Sie haben leider den Anhang vergessen.
Maalesef dosyayı açamıyorum.	Ich kann leider die Datei nicht öffnen.
Dosyayı tekrar gönderebilir misin?	Kannst du die Datei noch einmal senden?
Başka bir format deneyebilir misin?	Kannst du ein anderes Format probieren?

Anna Benz' i, ... için yetkili olduğundan CC'ye ekliyorum.	Ich setze Anna Benz in CC, weil sie für ... verantwortlich ist.
Bunu, tüm ilgililere iletir misiniz lütfen?	Würden Sie das bitte an alle Betroffenen weiterleiten?
Bu, (çok) gizli.	Das ist (streng) vertraulich.
Bu, sadece ikimizi ilgilendirir.	Das geht nur uns beide an.
Haberlerinizi bekliyorum.	Ich freue mich, bald von Ihnen zu hören.
Sorun / Sorularınız olursa, lütfen bana bildiriniz.	Bitte teilen Sie mir mit, falls es *ein Problem / Fragen* gibt.
İçten selamlarla	Mit freundlichen Grüßen
En iyi dileklerle	Mit den besten Wünschen
Bunu, YouTube'da izle. İşte linki.	Schau dir das auf YouTube an. Hier (ist) der Link.
Bu, web adresi.	Dies ist die Webadresse.
Resimleri servere yüklüyorum.	Ich lade die Bilder auf den Server hoch.
Sisteme girmeye çalıştığımda sorun oluyor.	Es gibt ein Problem, wenn ich versuche, mich einzuloggen.
Şifre bölümünde büyük küçük yazımına dikkat ediniz.	Achten Sie beim Passwort-feld auf Groß- und Klein-schreibung.
Sürekli bu hata bildiriyi alıyorum.	Ich bekomme ständig diese Fehlermeldung.

Beim Abschiedsgruß in förmlichen Mails bzw. Briefen gibt es verschiedene Ab-stufungen, die von „wenig persönlich" zu „sehr persönlich" gestaffelt wie folgt aufgelistet werden können: *Selamlarla, Selamlarımla, Dostça selamlarla, Dostça selamlarımla, İçten selamlarla, İçten selamlarımla, En içten selamlarla, En içten selamlarımla, En iyi dileklerle, En iyi dileklerimle.*

> **Gut zu wissen!**
> Im Zuge der Verbreitung der neuen Medien werden auch schriftliche Umgangsformen immer weniger förmlich. Bei neuen Kontakten empfiehlt es sich aber trotzdem, zunächst nicht zu umgangssprachlich zu formulieren und eine gewisse Form einzuhalten – nur auf diese Weise vermeiden Sie einen Fauxpas und einen möglichen Gesichtsverlust gegenüber Ihrem Kommunikations-partner.

M

Medien und Kommunikation

52 Mektup ve kartpostal yazmak Briefe und Karten schreiben

Natürlich beschränken sich diese Satzbeispiele nicht auf Briefe. Sie können Sie ebenso gut in formellen E-Mails verwenden (vergleichen Sie hierzu auch das vorherige Kapitel).

Saygıdeğer Bayanlar ve Baylar, …	Sehr geehrte Damen und Herren, …
Ayşe Hanım'a / Ahmet Bey'e verilecektir	Zu Händen (z. Hd.) *Frau Ayşe / Herr Ahmet*
… hakkında bilgi almak için, size yazıyorum.	Ich schreibe Ihnen, um mich über … zu informieren.
Sizi, … hakkında bildirmek için yazıyorum.	Ich schreibe, um Sie von … zu unterrichten.
… teyit etmek için, size yazıyorum.	Ich schreibe Ihnen, um zu bestätigen, dass …
Memnun olmadığımı bildirmek için, size yazıyorum.	Ich schreibe Ihnen, um mitzuteilen, dass ich unzufrieden bin.
Sana, … için teşekkür etmek için yazıyorum.	Ich schreibe, um dir für … zu danken.
Geçen çarşamba günkü telefon konuşmamızla ilgili olarak …	In Bezugnahme auf unser Telefongespräch vom letzten Mittwoch …
Ekte … gönderiyorum.	Im Anhang sende ich …
Size, …. bildirmekten mutluyum.	Ich freue mich, Ihnen sagen zu können, dass …
Size, … bildirmek zorunda olduğum için üzgünüm.	Ich bedaure, Ihnen mitteilen zu müssen, dass …
Bundan dolayı karşılaştığınız nahoş durumlar için özür dilerim.	Ich entschuldige mich für jegliche Unannehmlichkeiten, die Ihnen daraus entstanden sind.

Başka sorularınız için her zaman emrinize amadeyim.	Für weitere Fragen stehe ich Ihnen jederzeit gerne zur Verfügung.
İçten selamlarla	Mit freundlichen Grüßen
İzmir'den merhaba!	Hallo aus Izmir!
Burada harika bir zaman geçiriyoruz.	Wir verbringen hier eine tolle Zeit.
Hava harika.	Das Wetter ist fantastisch.
Plaj şahane.	Der Strand ist hervorragend.
İnsanlar gerçekten çok güler yüzlü.	Die Menschen sind wirklich freundlich.
İşimi hiç özlemiyorum.	Ich vermisse meine Arbeit überhaupt nicht.
Çok şey gördük ve fazlasıyla para harcadık.	Wir haben viel gesehen und viel zu viel Geld ausgegeben.
Umarım, sizde her şey yolundadır.	Ich hoffe, bei euch ist alles in Ordnung.
Sizleri tekrar göreceğimize, şimdiden çok seviniyoruz.	Wir freuen uns jetzt schon sehr, euch wiederzusehen.
Kediye / Çiçeklere baktığın için, tekrar teşekkür ederim.	Danke noch einmal, dass du dich um die *Katze / Pflanzen* kümmerst.
Doğum günün tadını çıkar.	Genieß deinen Geburtstag!
Size, güzel bir yaz diliyoruz.	Wir wünschen euch einen schönen Sommer.
Kendinize iyi bakın.	Passt auf euch auf.
Esen kalın!	Bleibt gesund! / Alles Gute!

Zum Abschiedsgruß vgl. Kapitel 51.

Jetzt wird es lockerer: Es folgen Wendungen für Post- und Grußkarten, die natürlich auch elektronisch versendet werden können.

Standardwendungen für Grußkarten finden Sie auch in Kapitel 21. Und die richtigen Worte für weniger fröhliche Anlässe finden Sie in Kapitel 22.

Gut zu wissen!
Überraschen Sie Freunde und Bekannte in Deutschland doch einmal mit einer Postkarte aus der Türkei, die auf Türkisch formuliert ist! Das macht neugierig, führt zu Gesprächsstoff, wenn Sie wieder in Deutschland sind, und bleibt bei Ihren Freunden und Bekannten sicherlich mehr in Erinnerung als eine auf Deutsch geschriebene Postkarte mit den üblichen Urlaubsgrüßen.

KÖRPERSPRACHE UND GESTEN

Verallgemeinerungen sind immer schwierig und riskant, aber insgesamt kann man sagen, dass Türken zu jedem Anlass auf eine große Vielfalt an Gesten und Gesichtsausdrücken zurückgreifen. Die wichtigsten davon zu kennen hilft Ihnen, – auch mit wenigen Türkischkenntnissen – Ihren Gesprächspartner besser zu verstehen und eine Kommunikation erfolgreich(er) zu gestalten. Dies gilt umso mehr, wenn Sie diese Gesten und Gesichtsausdrücke auch selbst beherrschen und anwenden können.

Seien Sie dagegen mit vermeintlich allgemein bekannten und üblichen Gesten lieber zurückhaltend, um nicht ins Fettnäpfchen zu treten oder gar andere zu verärgern. Interkulturelle Unterschiede in der Körpersprache können nämlich allzu schnell zu falschen Interpretationen und Missverständnissen führen. In Deutschland bedeutet beispielsweise ein mit Daumen und Zeigefinger geformter Kreis meist „in Ordnung"; in der Türkei dagegen hat diese Geste einen anstößigen Beigeschmack und ist – vor allem für Männer – eine schwere Beleidigung.

Weit verbreitete Gesten in der Türkei

Genauso wie in Deutschland wird auch in der Türkei der Kopf ein- bis zweimal nach vorne geneigt, um „ja" zu sagen. Will ein Türke hingegen „nein" sagen, richtet er den Kopf nach hinten und hebt dabei die Augenbrauen. Begleitet wird dies oft durch einen schnalzenden Laut mit der Zunge.

Schüttelt ein Türke sehr schnell – fast schon ruckartig – zweimal hintereinander seinen Kopf und zwinkert womöglich auch noch dabei, so bedeutet dies nicht, dass er etwas verneinen möchte (siehe hierzu oben). Vielmehr wird hier eine Frage gestellt, die u. a. eine der folgenden sein kann: „Alles in Ordnung?", „Was ist los?", „Wohin gehst du?" und etwas kritischer „Was soll der Unsinn?"

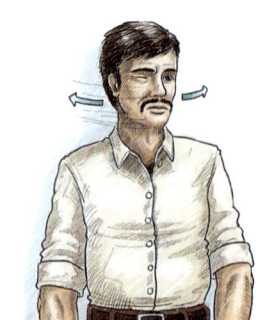

Oft werden Sie in der Türkei sehen, wie jemand mit nach oben gerichtetem Handrücken eine Bewegung ab den Fingerknöcheln macht, als würde er zwei-, dreimal ruckartig etwas zu sich her schaufeln wollen. Sie können dies fast buchstäblich so verstehen, denn was mit dieser Geste gesagt werden will, ist „Komm her!".

Ist der Handrücken nach oben gerichtet und werden die Finger ab den Finderknöcheln zwei-, dreimal ruckartig nach oben bewegt, so bedeutet dies hingegen „Geh weg!". Sowohl mit dieser, als auch mit der vorhergehenden Handbewegung sollten Sie allerdings vorsichtig umgehen, da Sie dadurch schnell überheblich wirken können.

Führt ein Türke die Fingerspitzen einer Hand zusammen und bewegt die Hand dann aus dem Handgelenk nach vorne und hinten, so bedeutet dies – im Unterschied zu einigen anderen Kulturkreisen – nichts Negatives. Ganz im Gegenteil: Mit dieser Geste zeigen Sie, dass Sie etwas besonders schön oder lecker finden.

DIE ZAHLEN IM TÜRKISCHEN

Zahlen folgen im Türkischen einem ausgesprochen logischen System.

sıfır	null	on	zehn
bir	eins	yirmi	zwanzig
iki	zwei	otuz	dreißig
üç	drei	kırk	vierzig
dört	vier	elli	fünfzig
beş	fünf	altmış	sechzig
altı	sechs	yetmiş	siebzig
yedi	sieben	seksen	achtzig
sekiz	acht	doksan	neunzig
dokuz	neun	yüz	hundert

Um im Zweierbereich weitere Zahlen zu bilden, können Sie sich folgende Regel merken: Zehnerstelle + Einerstelle, z. B. 15 = *on* (zehn) *beş* (fünf); 36 = *otuz* (dreißig) *altı* (sechs); 99 = *doksan* (neunzig) *dokuz* (neun).

yüz	einhundert	bin	eintausend
iki yüz	zweihundert	iki bin	zweitausend
üç yüz	dreihundert	üç bin	dreitausend
dört yüz	vierhundert	...	...
beş yüz	fünfhundert	bir milyon	eine Million
...	...	bir milyar	eine Milliarde

Im Dreier- und Viererbereich sollten Sie – im Unterschied zum Deutschen – lediglich beachten, dass „einhundert" stets als *yüz* (niemals als ~~bir yüz~~) und „eintausend" stets als *bin* (niemals als ~~bir bin~~) angegeben wird. Ansonsten verläuft das Prinzip analog zu oben: Viererstelle + Dreierstelle + Zweierstelle + Einerstelle, z. B. 101 = *yüz* (einhundert) *bir* (eins), 322 = *üç yüz* (dreihundert) *yirmi* (zwanzig) *iki* (zwei), 1001 = *bin* (eintausend) *bir* (eins), 6805 = *altı bin* (sechstausend) *sekiz yüz* (achthundert) *beş* (fünf); 9999 = *dokuz bin* (neuntausend) *dokuz yüz* (neunhundert) *doksan* (neunzig) *dokuz* (neun).

Übrigens: Die Zahlen im Türkischen werden – im Unterschied zum Deutschen – **nicht** zusammengeschrieben!